# Entdecke das WELTALL

Text von Arwen Hubbard
Modelle von Simon Pickard und Tim Goddard

# Inhalt



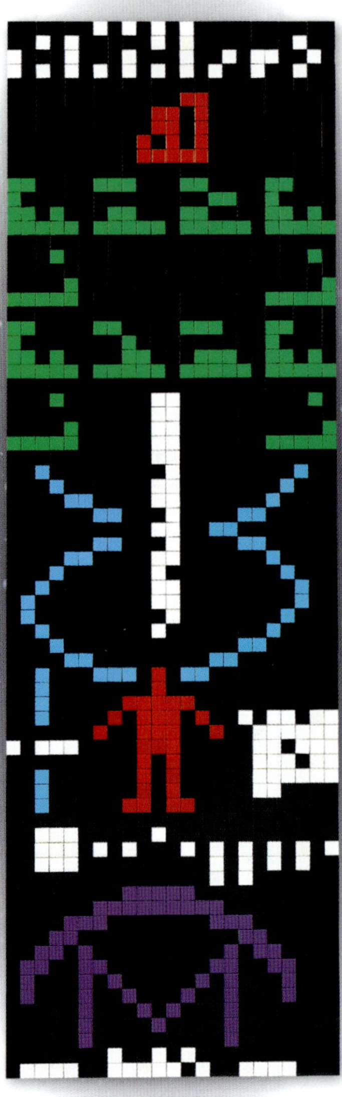

Arecibo-Botschaft (S. 87)

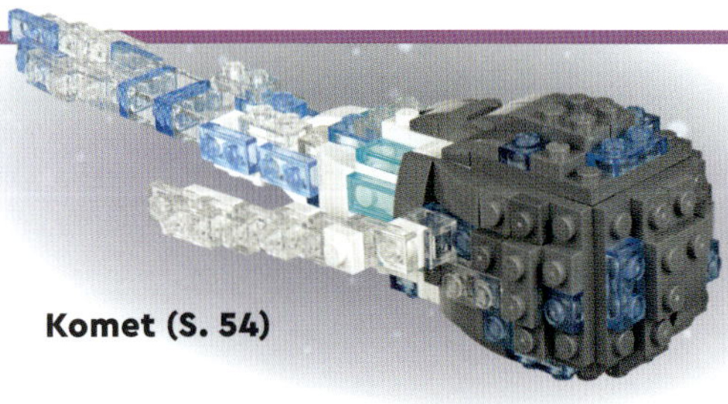

Komet (S. 54)

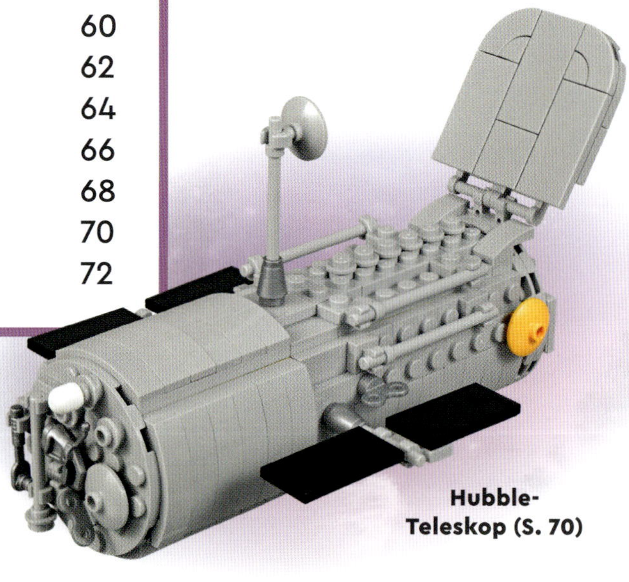

Hubble-Teleskop (S. 70)

**Valles Marineris (S. 59)**

**James-Webb-Weltraumteleskop (S. 32)**

**Arecibo-Radioteleskop (S. 86)**

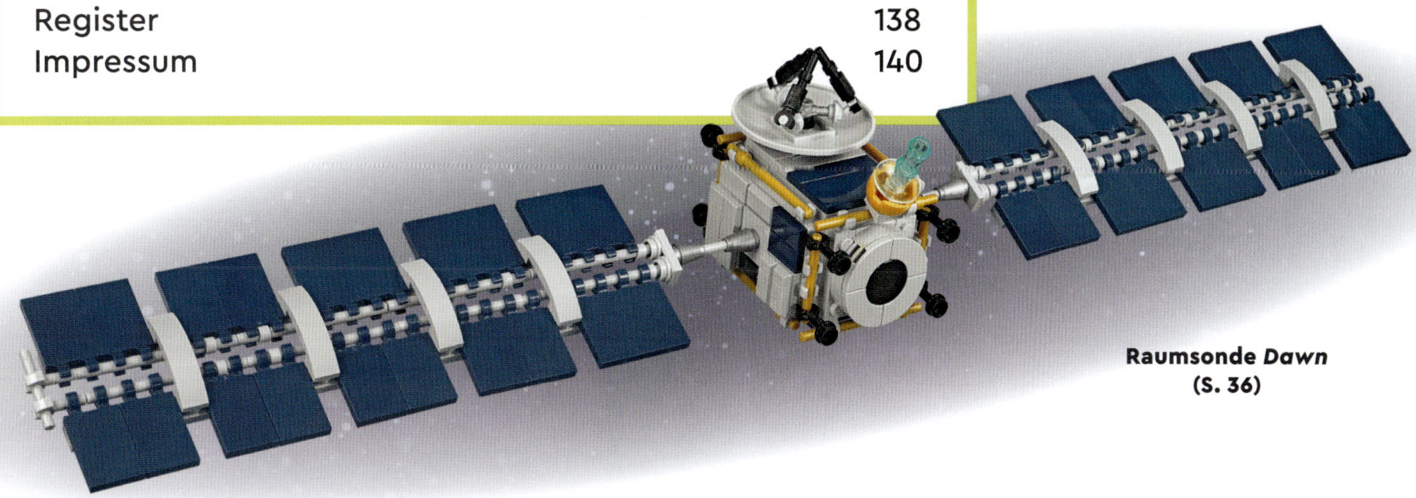
**Raumsonde *Dawn* (S. 36)**

# Unser Platz im Weltall

Willkommen im Universum! Wir fangen gerade erst an, es zu erkunden. Bisher wissen wir, dass es unglaublich groß und voller wirbelnder Galaxien, heller Sterne und rätselhafter Schwarzer Löcher ist. Und natürlich ist da auch der kleine blaue Planet Erde – unser Zuhause. Sehen wir uns doch mal genauer um!

# Wie ist alles entstanden?

Forschende denken, dass das Universum vor 13,8 Milliarden Jahren in einem sehr heißen, dichten Zustand war. Plötzlich, im Moment des Urknalls, begann es sich auszudehnen. Als es immer größer wurde und abkühlte, bildeten sich die Atome. Sie sind die Bausteine der Sterne, Planeten, Galaxien – und von uns Menschen.

**WOW!**
Der Weltraum dehnt sich in alle Richtungen **gleichzeitig** aus. Ein Zentrum des Universums gibt es nicht.

## Schon gewusst?

Ein Universum aus kleinen Teilchen zu formen hört sich an wie Bauen mit LEGO Steinen! Mit der **LEGO® XXL Steinebox Erde und Weltraum (Set 11022)** lassen sich einfache Planeten und Sterne nachbauen.

## Ausdehnung

Seit dem Urknall dehnt sich das Universum immer weiter aus. Es ist schwer zu sagen wie es am Anfang aussah und wie es sich mit der Zeit verändert hat. Neue Beobachtungen von weit entfernten Galaxien zeigen, dass die Ausdehnung immer schneller geht, je älter und größer das Universum wird!

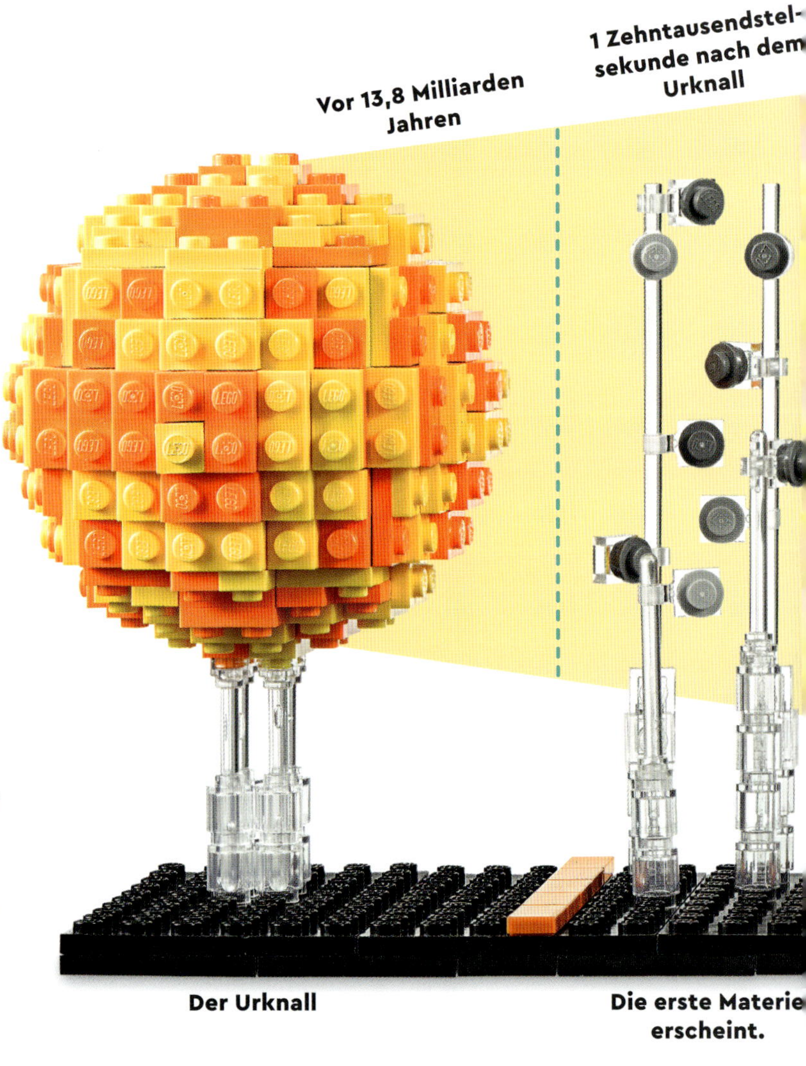

## Kosmische Strahlung

Wir wissen heute, dass es eine kosmische Mikrowellen-Hintergrundstrahlung gibt. Sie kommt aus allen Richtungen und stammt noch vom Urknall. Strahlung ist Energie, die sich wie Licht in Wellen fortbewegt. So kann man viel über das frühe Universum lernen.

## Rasend schnell

Schneller als das Licht kann sich nichts im Universum bewegen. Die Entfernung, die das Licht in einem Jahr zurücklegt, nennt man ein Lichtjahr. Im Weltraum sind Lichtjahre ein guter Entfernungsmaßstab. Da das Licht oft lange unterwegs ist, blicken wir in der Zeit zurück – je weiter, desto länger. Forschende können heute fast bis zum Urknall zurückblicken!

**Echt jetzt?!**
Ein Lichtjahr entspricht einer Entfernung von **10 Billionen km.** Der nächste Stern am Nachthimmel ist knapp 4 Lichtjahre weit entfernt, also 39 Billionen km.

**BAU LOS!**

Galaxien sind womöglich das Größte, was du je aus 10 LEGO Steinen bauen wirst! Verwende Zähne oder Hörner als Spiralarme. 1×1-Platten mit Klemmen halten alles zusammen.

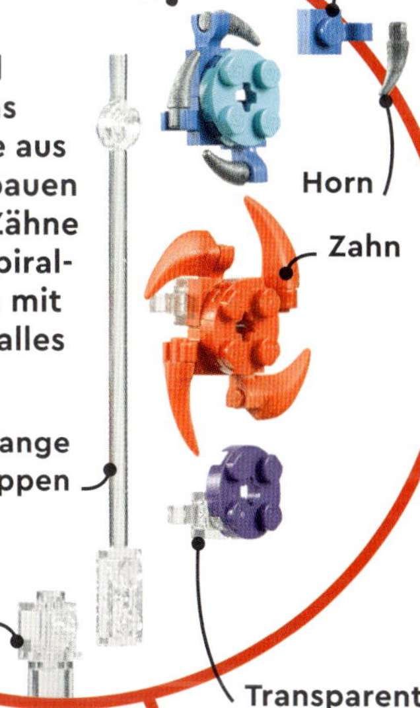


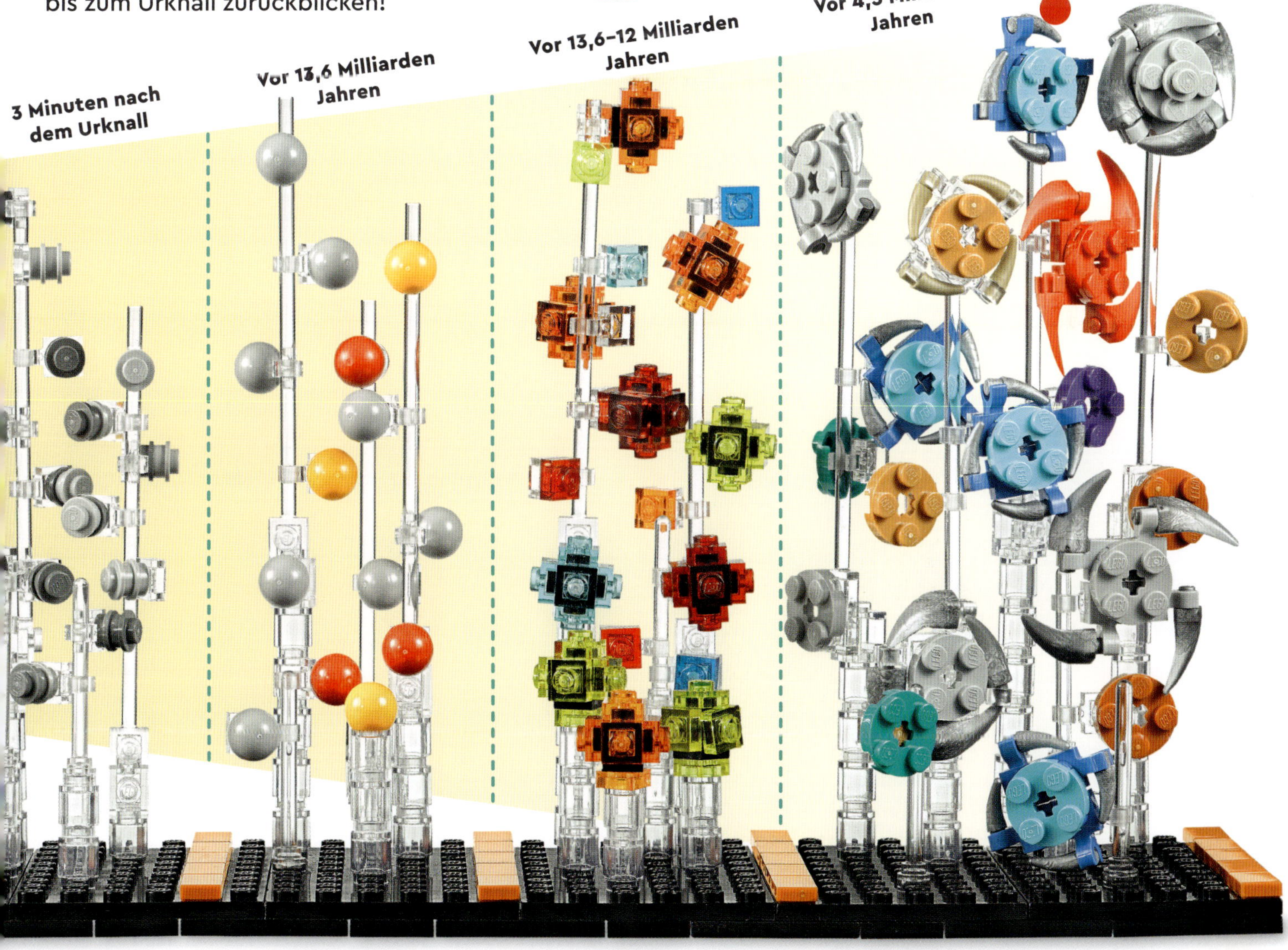


**Atome bilden sich.** **Die ersten Sterne strahlen.** **Galaxien bilden sich.** **Die heutigen Galaxien und unser Sonnensystem entstehen.**

# Woraus besteht der Raum?

Im Weltraum gibt es unendlich viele Objekte wie Sterne, Schwarze Löcher, Nebel, Planeten und Asteroiden. Trotzdem ist er aber vor allem leer, weil Objekte sehr weit voneinander entfernt sind. Alles im Weltraum besteht aus Materie und Energie. Es gilt als sicher, dass es die Energie im Universum schon seit dem Urknall gibt, denn wir können Energie weder erschaffen noch vernichten, sondern nur ihre Form ändern.

**WOW!**

Forschende denken, dass ⅚ der Materie im Universum ein rätselhafter, unsichtbarer Stoff ist, den sie **Dunkle Materie** nennen.

**BAU LOS!**

Dieser freundliche Alien hat armähnliche Tentakel, die aus Hörnern gebaut sind. Oder sind es tentakelige Arme? Eine weiße 1×2-Platte lässt ihn über das ganze Gesicht grinsen!

Spitzer Kopf aus 1×1-Dachsteinen

Bedruckte runde Kacheln als Augen

„Arme" passen in 1×1-Steine mit Seitennoppen.

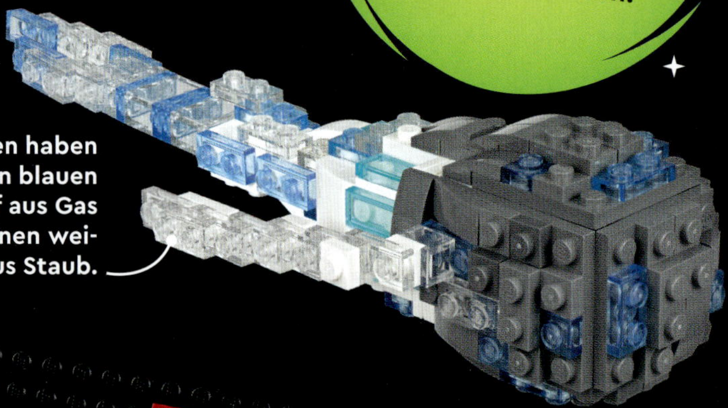

Kometen haben einen blauen Schweif aus Gas und einen weißen aus Staub.

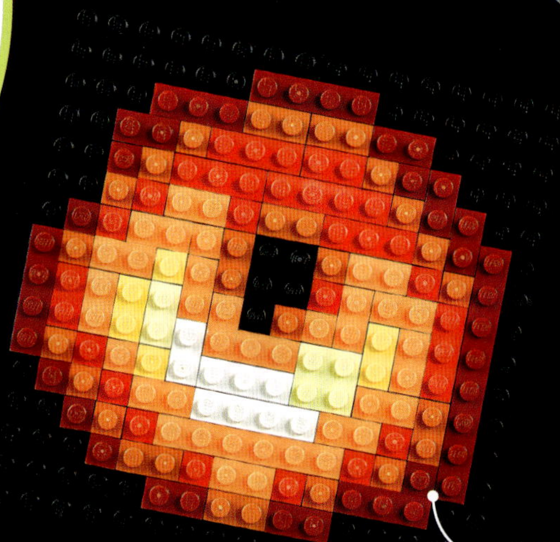

Stürzt ein Stern in sich zusammen, entsteht ein Schwarzes Loch.

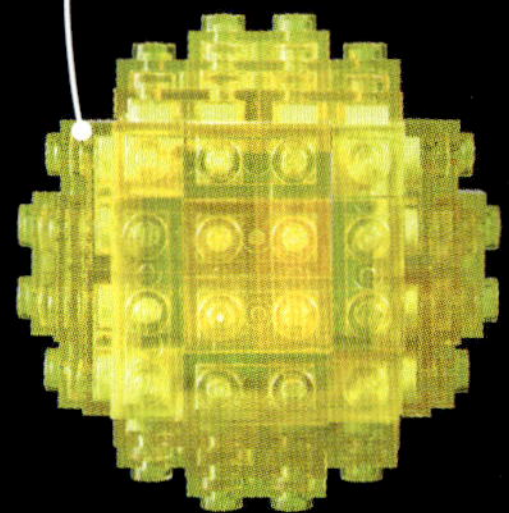

Ein gelber Stern ist kühler als ein blauer.

Der Planet Merkur ist der Sonne am nächsten.

## Materie und Energie

Materie ist der Stoff, aus dem die Dinge bestehen. Sterne und Menschen sind aus Elementen aufgebaut. Elemente sind wie LEGO Steine: Man kann sie unterschiedlich kombinieren und neue Dinge erschaffen! Energie steckt in allem, das sich bewegt oder bewegen könnte, zum Beispiel in einer zusammengedrückten Feder. Springt sie zurück, entlädt sich die Energie.

## Echt jetzt?!

Wasserstoff ist das häufigste Element im All. Etwa **90 %** aller Atome sind Wasserstoffatome.

Wegen des Rosts auf seiner Oberfläche heißt Mars auch Roter Planet.

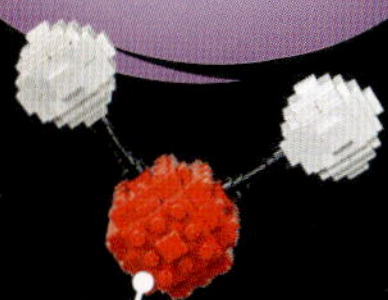

Im leeren Raum zwischen den Sternen schweben Gas- und Staubmoleküle.

## Laterne, Laterne ...

Sterne sind riesige, strahlende Kugeln aus heißem Plasma. In ihrem Zentrum stellt ein Kern neue Elemente her. Sterne verschmelzen kleine, leichte Atome zu schwereren Atomen. Diese bilden später neue Sterne und Planeten.

Blaue Superriesen sind sehr junge Sterne.

Die Erde ist der einzige Planet im Sonnensystem, der auf der Oberfläche flüssiges Wasser hat.

## Schon gewusst?

LEGO Sets mit Licht- und Ton-Steinen wandeln elektrische Energie in sichtbare oder hörbare Energiewellen um. Licht und Ton werden mit der Zeit in Wärmeenergie umgewandelt und von der Umgebung aufgenommen.

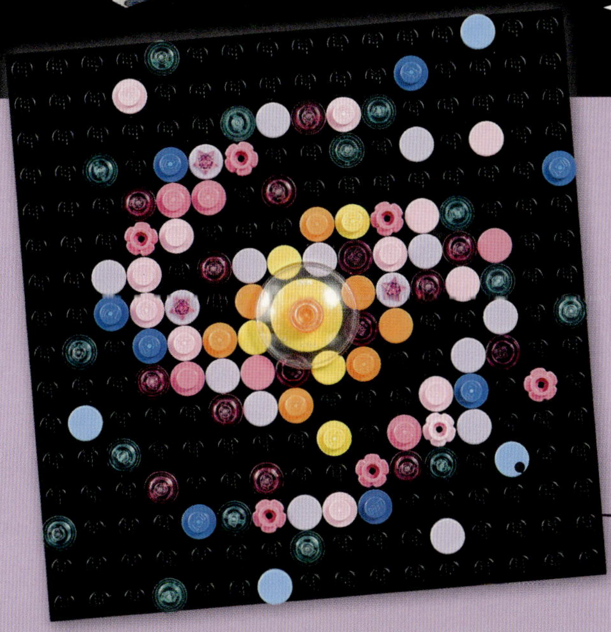

## Galaktisch groß

Galaxien sind riesige Ansammlungen aus Sternen, Gas und Staub, die durch die Schwerkraft verbunden sind. Zwischen den Sternen ist viel leerer Raum. Dennoch nimmt man eine Galaxie aus der Ferne als ein großes Objekt wahr.

Kleine Galaxien haben nur ein paar Millionen Sterne.

# Wie groß ist das All?

Der Weltraum ist riesig, aber wir wissen nicht, wie groß genau. Viele Forschende halten das Universum für unendlich groß, das heißt, man kommt nie an ein Ende! Andere denken, es muss eine endliche Größe haben. Einig sind sich alle, dass es Hunderte Milliarden Galaxien gibt, die alle viele Milliarden Sterne enthalten.

**WOW!**

Das am weitesten entfernte Objekt, das mit bloßen Augen sichtbar ist, ist die Andromeda-Galaxie. Ihr Licht ist etwa **2 Mio.** Jahre lang zur Erde unterwegs!

Schon nach wenigen Minuten erreicht ein Raumfahrzeug die Umlaufbahn.

**BAU LOS!**

Das imposante Triebwerksgehäuse ist aus zwei LEGO® Technic Elementen an einer LEGO Technic Achse. Ein Ende der Achse steckt in einem Stein mit kreuzförmigem Loch hinten im Rumpf.

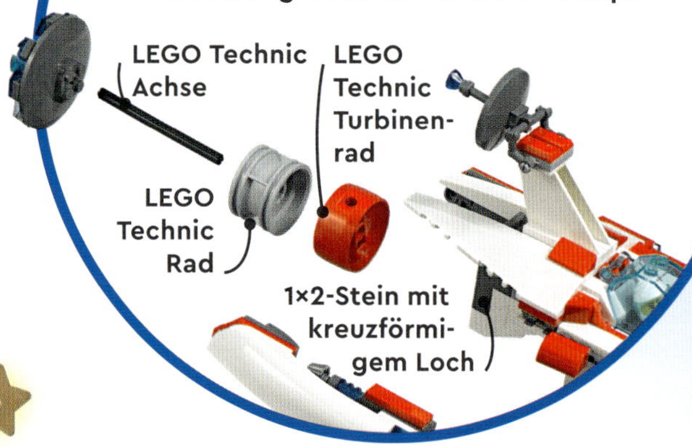


## Sonne und Erde

Im Vergleich zu Planeten sind Sterne wie die Sonne riesig. Wäre die Sonne so groß wie ein Wasserball, dann wäre die Erde so klein wie eine Erbse und Jupiter wäre ein Golfball.

Sonne

Erde

## Sterne

Die Sonne ist ein gelber Zwergstern. Obwohl sie 1 390 000 km Durchmesser hat, ist sie wesentlich kleiner als die meisten anderen Sterne. Manche von ihnen sind viele Tausend Mal größer als sie!

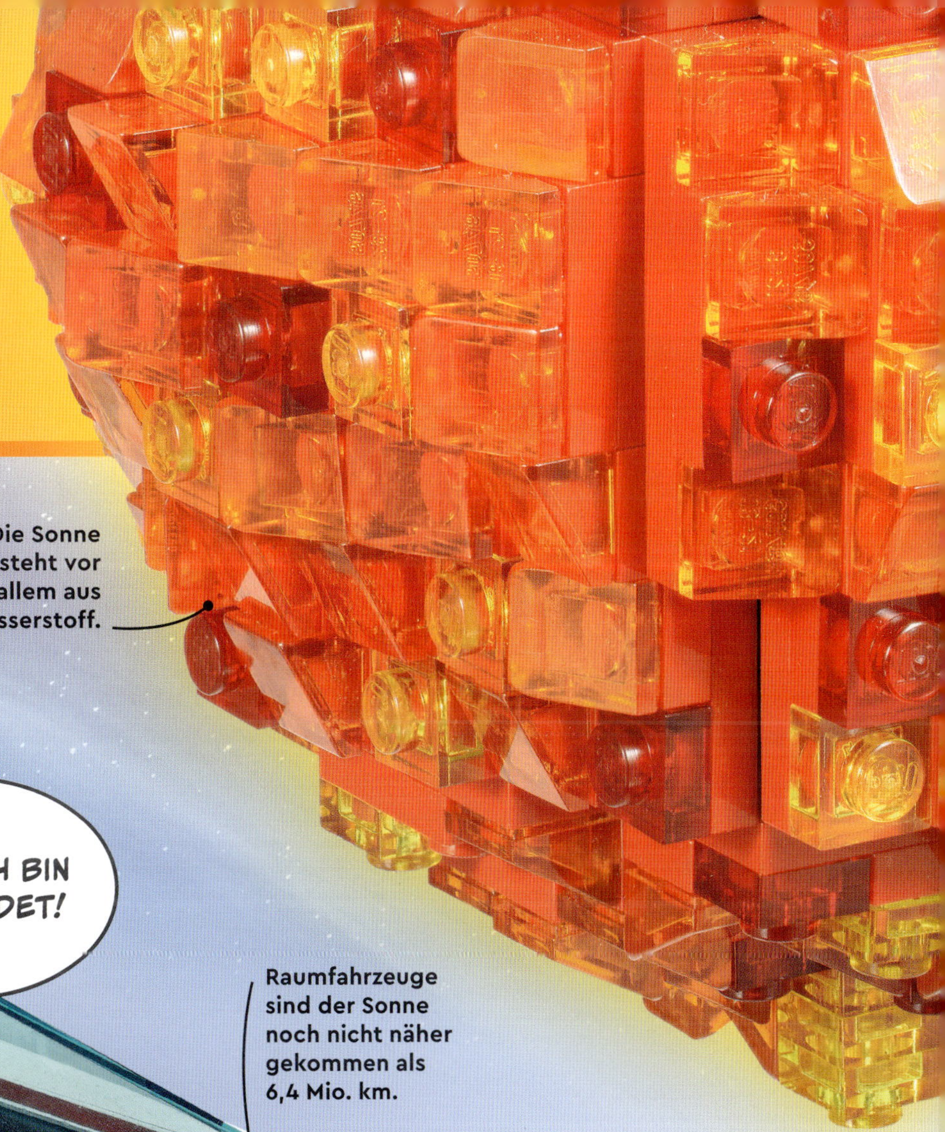

**Echt jetzt?!**

Wenn du in den Nachthimmel blickst, schaust du in die **Vergangenheit**! Das Licht braucht viele Jahre, bis es von den Sternen zu deinen Augen gelangt.

**Schon gewusst?**

Auch anhand von LEGO Minifiguren kannst du dir die Größe des Weltraums vorstellen. Von der Erde bis zum Mond müsstest du 9,5 Mrd. Astronauten Minifiguren stapeln und bis zum Mars sogar 9,5 Billionen!

## Das beobachtbare Universum

Wir sehen nur die Objekte innerhalb des Bereichs, in dem das Licht seit der Geburt des Universums vor rund 13,8 Milliarden Jahren genug Zeit hatte, uns zu erreichen. Alles, was dahinter liegt, können wir nicht sehen, aber wir wissen, dass der Raum sich noch weit hinter diese Grenze erstreckt.

# Wo im Weltall sind wir?

Wir leben auf einem kleinen Planeten namens Erde, der um einen kleinen Stern kreist, den wir Sonne nennen. Die Sonne selbst umkreist das Zentrum einer Galaxie mit dem Namen Milchstraße. Alle Objekte, die die Sonne umkreisen, gehören zu unserem Sonnensystem, und die Sonne nimmt sie auf ihrer Bahn durch die Milchstraße mit.

**Echt jetzt?!**
Das Sonnensystem hat einen Durchmesser von zwei Lichtjahren. Licht braucht also **zwei Jahre** für den Weg von einer Seite zur anderen!

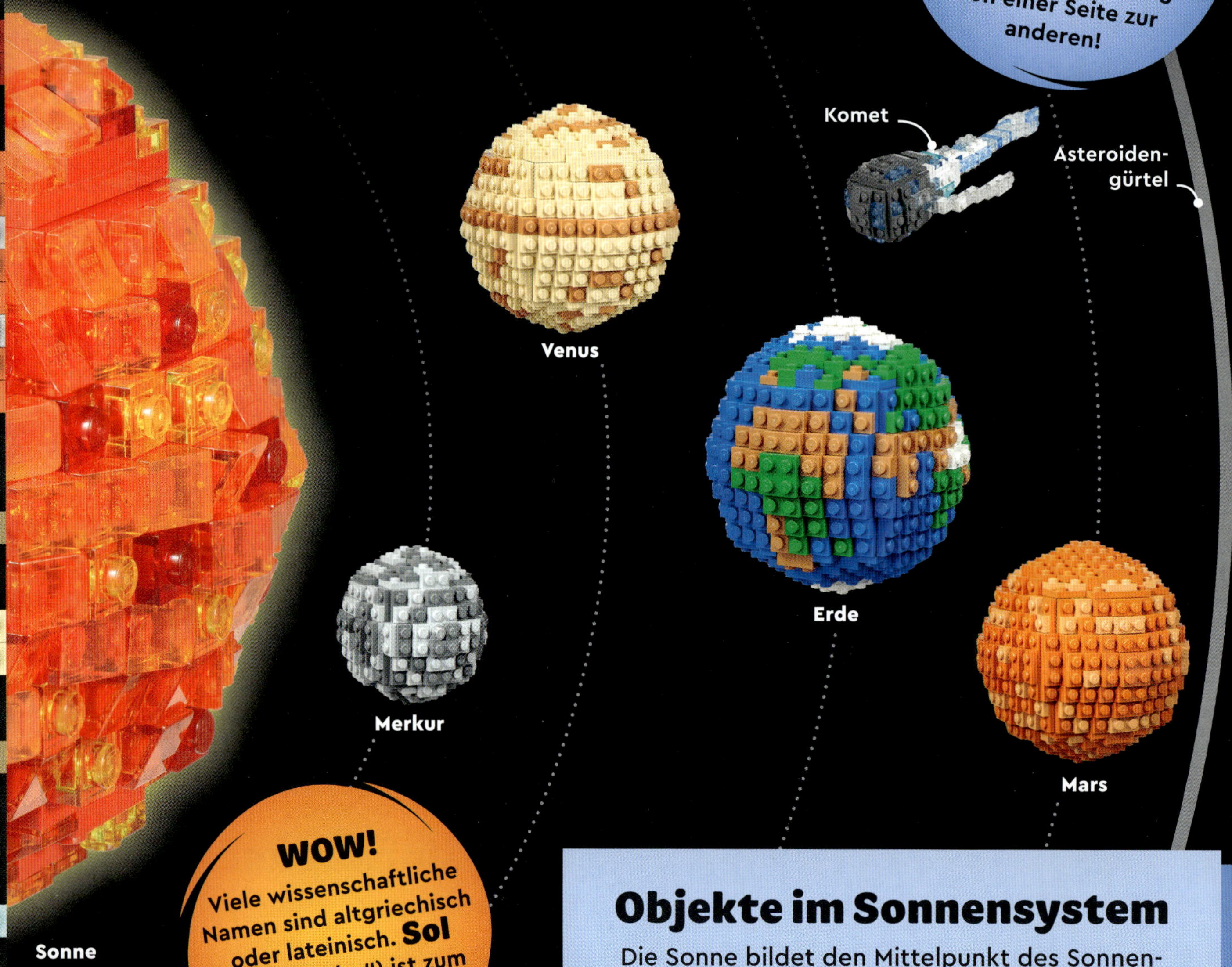


**WOW!**
Viele wissenschaftliche Namen sind altgriechisch oder lateinisch. **Sol** (wie in „solar") ist zum Beispiel der lateinische Name der Sonne.

## Objekte im Sonnensystem

Die Sonne bildet den Mittelpunkt des Sonnensystems. Sie wird von vielen verschiedenen Objekten umkreist, von riesigen Gasplaneten wie Jupiter ebenso wie von kleinen Brocken aus Stein und Metall, den Asteroiden.

## Position der Erde

Im Sonnensystem werden mehrere Zonen unterschieden. Die Erde ist im inneren Sonnensystem, das sich bis einschließlich des Asteroidengürtels erstreckt. Dort, in der Nähe der Sonne, ist es relativ warm. Unsere Nachbarn sind Mond, Merkur, Venus und Mars.

### Schon gewusst?

Mit den 450 Teilen in **LEGO® Classic Kreative Weltraumplaneten (Set 11037)** kannst du ein Modell des gesamten Sonnensystems bauen, oder auch kleine Modelle wie Aliens, die im Dunkeln leuchten.

**Saturn**

**Jupiter**

**Neptun**

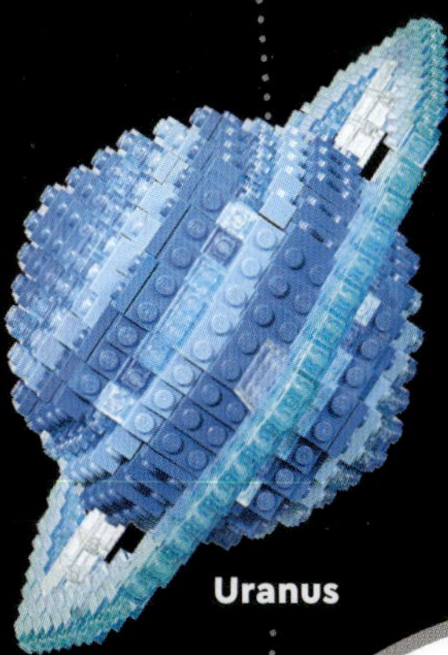

**Uranus**

**Pluto**

**Kuiper-gürtel**

## BAU LOS!

**Baue für einen Planeten, der rundum Noppen hat, zuerst einen Kern aus Steinen mit Seitennoppen. Setze dabei einige umgedreht ein, also spiegelbildlich zu den anderen. Mit dieser Methode kannst du Planeten in allen Größen bauen.**

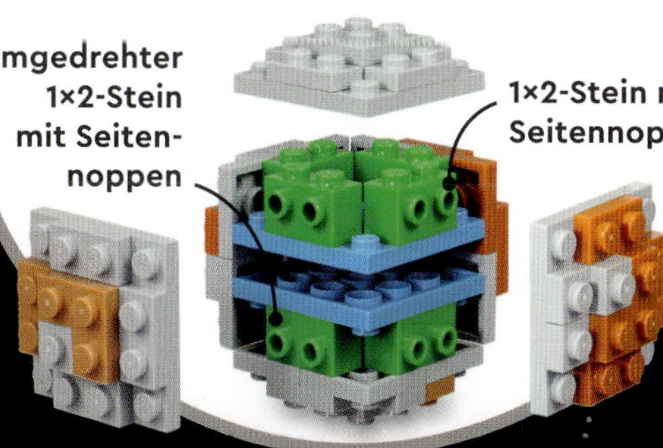


## Galaxiengruppen

Unsere Galaxie gehört zu einer riesigen Galaxiengruppe namens Laniakea-Superhaufen. Das hawaiianische Wort Laniakea bedeutet „unermesslicher Himmel". Der Superhaufen umfasst noch etwa 100 000 weitere Galaxien.

# Warum gibt es Leben auf der Erde?

Auf der Erde gibt es viele Dinge, die wir im Weltraum sonst noch nirgendwo entdeckt haben, wie flüssiges Wasser und Luft zum Atmen. Lebewesen wie Menschen, Tiere und Pflanzen brauchen Nahrung und Lebensräume. In den Ökosystemen der Erde findet sich all das. Aber das war nicht immer so. Die Erde hat sich im Lauf der 4,5 Milliarden Jahre seit ihrer Entstehung sehr verändert. Die Ökosysteme entwickelten sich viele Millionen Jahre lang.

## Die Erdschichten

Die Erde hat vier Schichten. Wir leben auf der obersten, der Erdkruste. Darunter liegt der Erdmantel aus heißem Gestein. Unter dem Mantel folgen der äußere und der innere Kern, die vorwiegend aus Metall bestehen.

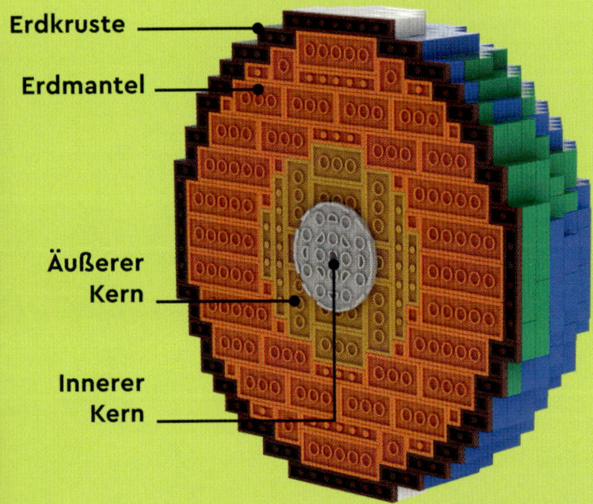

## Wasser für die Erde

Als die Erde entstand, wäre es für flüssiges Wasser zu heiß gewesen. Die Ozeane bildeten sich erst, nachdem viele Millionen Jahre lang Asteroiden und Kometen eingeschlagen waren, die Wasser aus den kühleren Regionen des Sonnensystems mitbrachten.

### Schon gewusst?

**LEGO® Creator Dinosaurier (Set 77940)** enthält drei Urzeitwesen, die vor langer Zeit auf der Erde lebten, aber heute ausgestorben sind: einen *Tyrannosaurus rex*, einen *Triceratops* und einen *Pterodactylus*.

**Echt jetzt?!** Ein Teil des Wassers auf der Erde wurde vermutlich auch aus **Vulkanen** in die Luft geschleudert.

## Magnetfeld

Der äußere Erdkern erzeugt ein gewaltiges Magnetfeld, das die Erde umgibt und abschirmt. Es wird auch als Magnetosphäre bezeichnet und schützt Pflanzen und Tiere vor gefährlicher Strahlung aus dem Weltraum.

**WOW!** Die Erde entstand wohl aus vielen kleinen Brocken aus **Gestein** und **Metall**, die von der Schwerkraft angezogen wurden.

### BAU LOS!

**Dieser Pinguinkopf beginnt mit einem 1×1-Stein mit Seitennoppen im Zentrum. Baue um diesen Stein herum. Ein seitlich gebogener Dachstein bildet den glatten Hinterkopf.**

# Warum ändert der Mond die Form?

**WOW!**
Auch der Mond **dreht sich** um sich selbst, und zwar genauso schnell wie um die Erde. Deshalb wendet er uns immer dieselbe Seite zu.

Der Mond umkreist die Erde. Wir sehen ihn, weil er das Sonnenlicht reflektiert. Da die Sonne nur die Mondseite bescheint, die ihr gegenüberliegt, ist diese Seite immer hell und die andere ist dunkel. Während der Mond um die Erde kreist, sehen wir unterschiedliche Anteile der hellen Seite. Deshalb wirkt es, als würde der Mond seine Form ändern. Das nennt man Mondphasen.

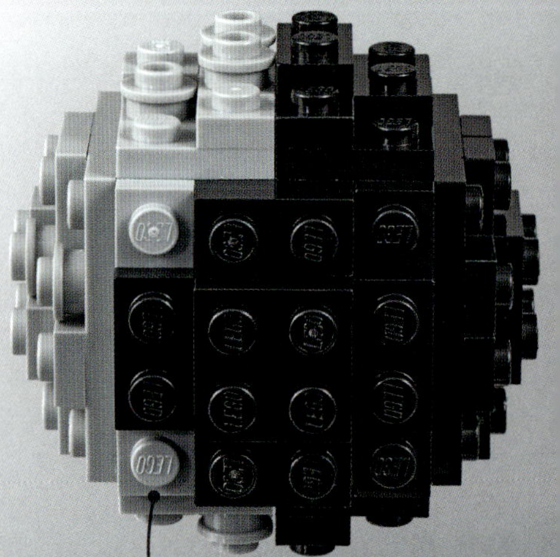


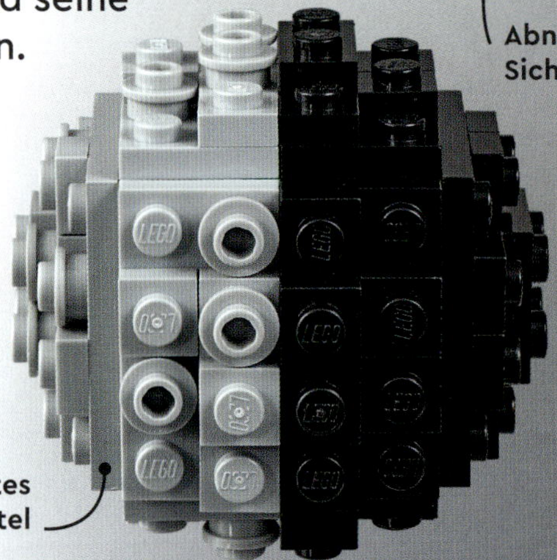

**Echt jetzt?!**
Der Mond **entfernt sich** jedes Jahr ein wenig weiter von der Erde. Er bewegt sich etwa in demselben Tempo von ihr weg wie deine Fingernägel wachsen.

## Finsternisse

Manchmal wandert der Mond zwischen Sonne und Erde hindurch und blockiert das Sonnenlicht. Dann haben wir eine Sonnenfinsternis, bei der es tagsüber dunkel wird. Wenn dagegen die Erde das Sonnenlicht vom Mond abschirmt, gibt es eine Mondfinsternis.

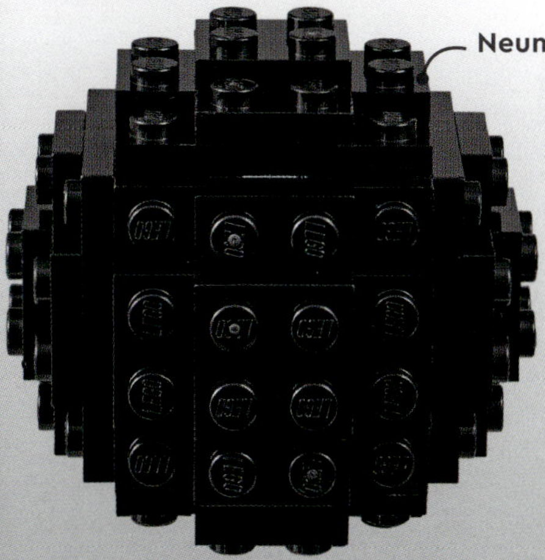


# Reise zum Mond

Der Mond ist etwa 384 000 km von der Erde entfernt. Wenn du im Auto mit rund 100 km/h dorthin fahren könntest, wärst du etwa 166 Tage unterwegs! Die *Apollo*-Astronauten flogen aber so schnell, dass sie für den Weg zum Mond nur drei Tage brauchten.

## Entstehung

Der Mond entstand wohl, als ein Planet namens Theia vor 4,5 Mrd. Jahren auf die Erde stürzte. Dabei wurden Gesteins- und Metallbrocken ins All geschleudert, die sich später zum Mond zusammenlagerten.

## BAU LOS!

Dieses Modell wird genauso gebaut wie die Planeten auf Seite 17. Wenn du es ganz in Grau baust und runde 1×1-Platten mit Löchern als Krater verwendest, sieht es fast aus wie der echte Mond!

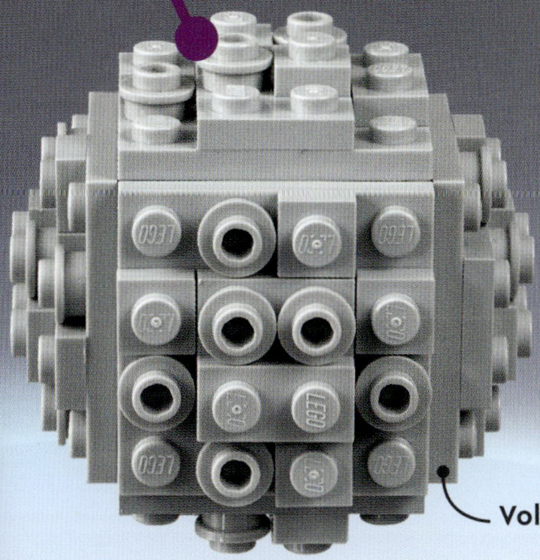


## Schon gewusst?

In **LEGO® Ideas Geschichten aus dem Weltraumzeitalter (Set 21340)** bilden runde schwarze und graue Elemente zwei Mondsicheln über einer Marslandschaft mit einem winzigen Rover und einer Rakete.

# Woraus besteht der Mond?

Der Mond besteht aus Gestein und Metall, genau wie die Erde. Er hat eine Kruste, einen Mantel und einen kleinen Kern. Aber es gibt dort fast keine Luft. Deshalb wird die der Sonne zugewandte Seite sehr heiß und die abgewandte Seite dagegen sehr kalt.

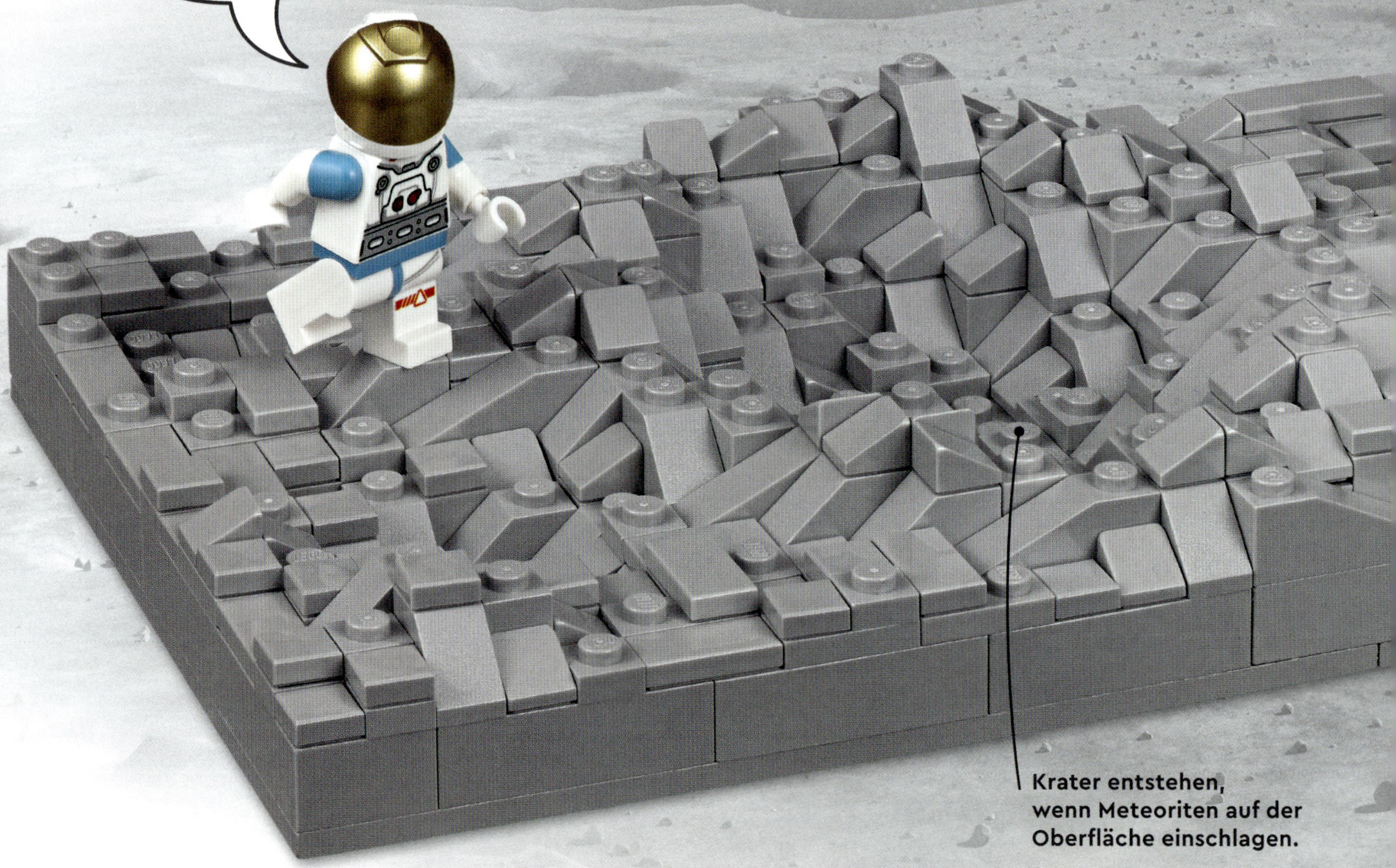


## Mondspaziergang

Mit einem Schutzanzug könntest du auf dem Mond umherspazieren. Du würdest allerdings mehr springen als gehen, weil die Schwerkraft auf dem Mond nur ein Sechstel der Erdschwerkraft beträgt! Wenn du dort nach oben blickst, siehst du auch die Sterne, aber statt dem Mond steht die Erde groß und hell am Himmel!

**Echt jetzt?!** Die dunklen Ebenen auf dem Mond bestehen aus **abgekühlter Lava**.

# Spuren im Sand

Da es auf dem Mond kaum Luft gibt, gibt es auch weder Wind noch Wetter. Alle Fußabdrücke und Roverspuren der Astronauten, die zwischen 1969 und 1972 auf dem Mond waren, sind noch vorhanden!

Astronauten stellten sogar Flaggen auf dem Mond auf.

**WOW!**

Eine Seite des Monds ist immer **der Erde abgewandt**. Dort gibt es weniger dunkle Flächen als auf der erdzugewandten Seite. Die Forschenden wissen aber nicht, warum!

## Schon gewusst?

Der Mond besteht nicht aus Kuchen, aber in LEGO® Monkie Kid™ werden genau dort die Mondkuchen gebacken! **LEGO Monkie Kid Chang'es Mondkuchenfabrik (Set 80032)** enthält eine möhrenförmige Rakete, die die Kuchen zur Erde bringt!

**BAU LOS!**

Die Wände dieses Kraters sind aus vier abgerundeten, gebogenen Ecksteinen gebaut. Die Mondoberfläche besteht aus Dachsteinen und Keilplatten, damit sie rau und felsig wirkt.

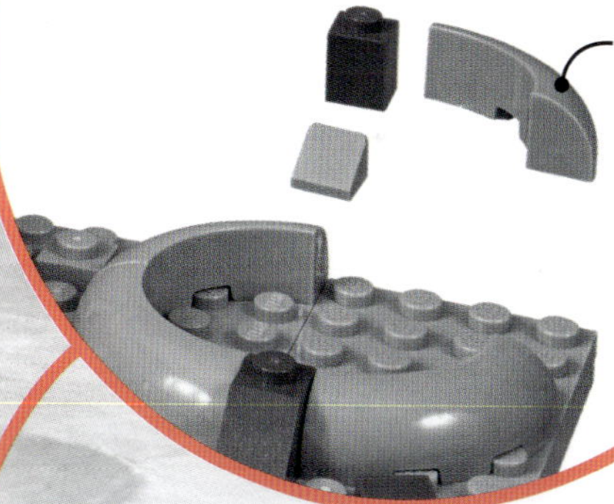

Gebogene, abgerundete 3×3-Ecksteine

# Wasser auf dem Mond

Forschende, die sich mit Planetenkunde befassen, entdeckten gefrorenes Wasser auf dem Mond! Unter der Oberfläche und in tiefen, dunklen Kratern, wo niemals Sonnenlicht hingelangt, kann Wassereis existieren.

# Das Weltall erforschen

Wir Menschen beobachten das Weltall, seitdem unsere Vorfahren die hellen Lichtpunkte am Himmel bewusst wahrgenommen haben. Wir erfanden Geschichten, orientierten uns an den Sternen auf unserem Weg über die Ozeane und zeichneten besondere Ereignisse auf. Heute blicken wir mit Teleskopen weit hinaus ins All und schicken Sonden zu fremden Welten. Was entdecken wir wohl als Nächstes?

# Wer erforschte die Sterne zuerst?

Schon seit Jahrhunderten blicken die Menschen zum Himmel und machen sich Gedanken über die Sterne und Planeten. Frühe Forschende zeichneten die Positionen von Objekten auf, die sie am Nachthimmel sahen. Durch Beobachtung, Mathematik und Logik lernten sie viel über das Universum, obwohl sie noch keine so guten Geräte hatten wie wir heute. Alte Monumente wie Stonehenge in England wurden vielleicht zur Himmelsbeobachtung verwendet.

Die 30 großen Steine stellten wohl die 30 Tage eines Monats dar.

**WOW!**

Im Jahr 1054 zeichneten chinesische Astronomen die Beobachtung eines **„Gaststerns“** auf. Es war eine der wenigen sichtbaren Supernovas (Sternexplosionen), die je vermerkt wurden.

**BAU LOS!**

Die aufrechten Steinblöcke sehen realistisch aus, wenn du sie um einen Stapel aus Steinen mit Seitennoppen baust. Lass nur wenige glatte Flächen frei.

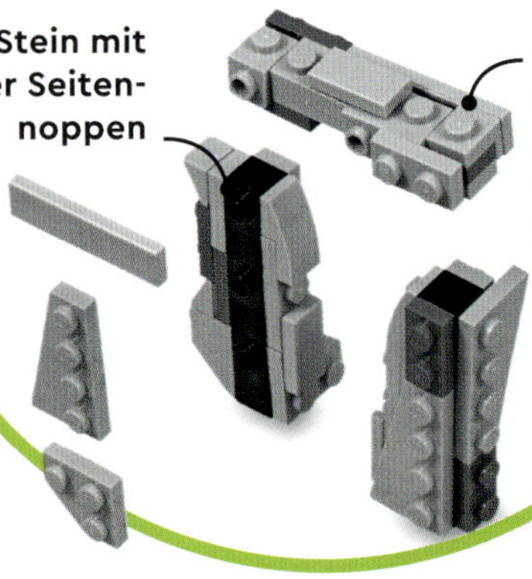

## Frühe Hochkulturen

Viele Zivilisationen teilten ihren Kalender nach den Mondphasen, den Positionen der Sterne und den Bewegungen der Planeten ein. Jahr um Jahr und Nacht für Nacht beobachteten sie die Bewegungen der Himmelskörper und versuchten vorherzusagen, wo sie in Zukunft stehen würden.

### Schon gewusst?

**LEGO® Ideas Hommage an Galileo Galilei (Set 40595)** enthält neben einer Minifigur des ersten Astronomen, der das Sonnensystem mit einem Teleskop erforschte, ein Teleskop und ein Modell, das zeigt, wie ein Planet um die Sonne kreist.

**Die Steine stehen genau da, wo die Sonne am längsten Tag des Jahres aufgeht und wo sie am kürzesten Tag untergeht.**

### Echt jetzt?!

Der griechische Mathematiker Eratosthenes berechnete die Größe der Erde bereits im **3. Jh. v. Chr.** – vor mehr als 2000 Jahren!

## Immer im Kreis

Die Vorstellungen über den Aufbau des Universums waren sehr unterschiedlich. Im 16. Jh. errechnete der deutsch-polnische Astronom Nikolaus Kopernikus, dass die Sonne im Mittelpunkt des Sonnensystems steht und die Erde sie als Planet umkreist.

**Baumwollsegel**

## Ins Blaue hinein

Frühe Seefahrer orientierten sich auf ihren langen Reisen an den Sternen. Ab dem 18. Jh. konnten die Seeleute anhand der Sterne und der Sonne sowie mithilfe der Mathematik ihre Position recht genau bestimmen.

# Gibt es eine Sternkarte?

Wir Menschen haben schon viele Karten von den Sternen gezeichnet. Üblicherweise wird der Himmel in verschiedene Gruppen eingeteilt, die Sternbilder. Einige von ihnen sehen wie Gestalten aus alten Sagen und Legenden aus, andere wie ganz alltägliche Gegenstände.

**Echt jetzt?!**
Geschichten zu einigen Sternbildern stammen aus der Zeit der alten Hochkulturen in **Mesopotamien**. Eine Generation erzählte sie jeweils der nächsten.

Der Kleine Wagen sieht genau so aus, wie er heißt.

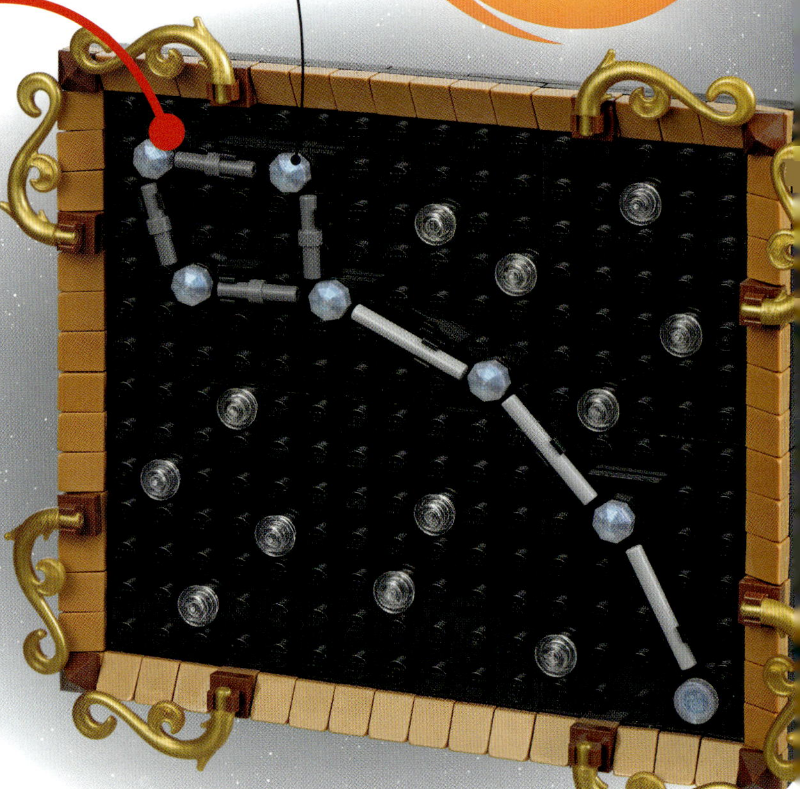

Kleiner Bär (Ursa Minor)

## Schon gewusst?

**LEGO® Friends Sterngucker Campingfahrzeug (Set 42603)** hat einen Nachthimmel. Die Sterne leuchten im Dunkeln und lassen sich beliebig zu Sternbildern ordnen, die Nova und Aliya beobachten.

## Moderne Sternbilder

Die Internationale Astronomische Union (IAU) erkennt 88 Sternbilder an. Im Jahr 1928 wurde in der IAU abgestimmt, welche in die Sternkarten aufgenommen werden. Der Große und der Kleine Wagen sind seither Teil des Großen und des Kleinen Bären.

## Orion

Orion ist eines der bekanntesten Sternbilder. Wenn man die Sterne verbindet, meinen viele Menschen, das Bild eines riesigen Jägers am Himmel zu erkennen. Orion ist von überall auf der Erde aus sichtbar. Am besten kann man das Sternbild auf der Nordhalbkugel im Winter erkennen.

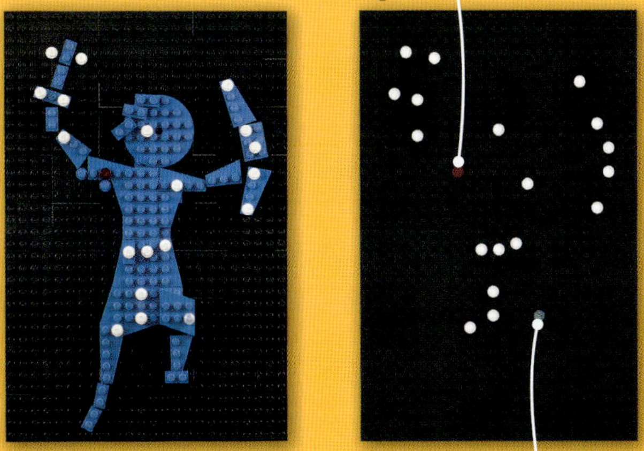


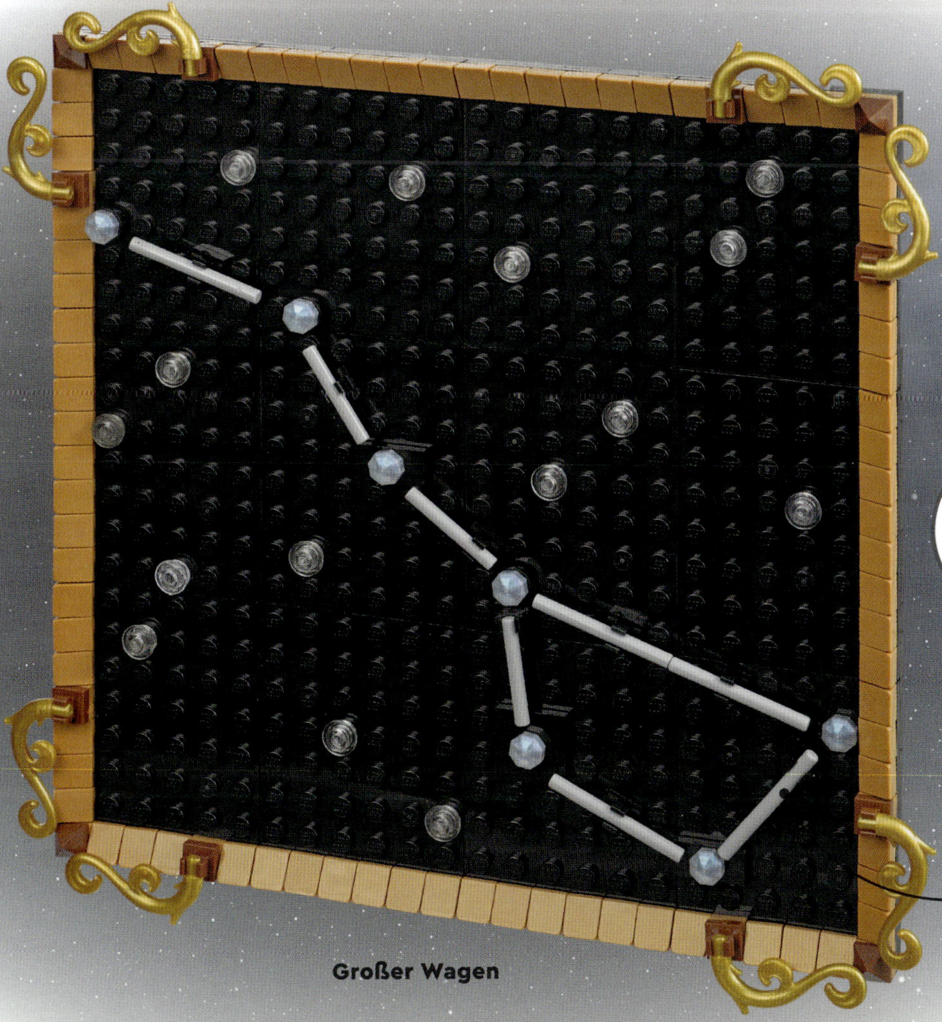

Großer Wagen

Der Große Wagen ist Teil des Großen Bären.

**WOW!**
Wenn du auf der Nordhalbkugel der Erde lebst, siehst du **andere Sternbilder** als die Menschen, die auf der Südhalbkugel leben.

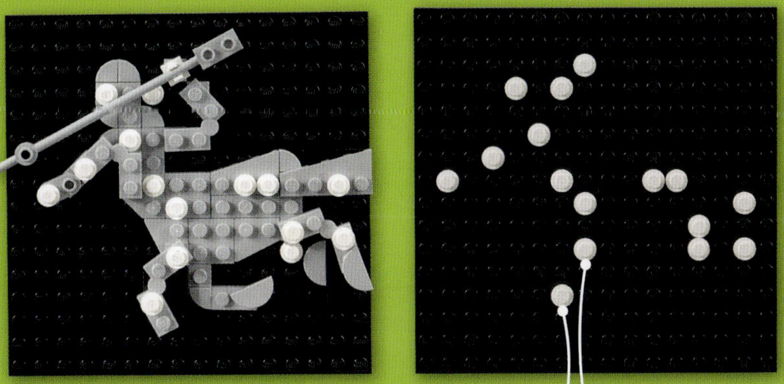


## Sternnamen

Einige sehr helle Sterne wie Sirius, Beteigeuze oder Deneb haben eigene Namen, andere werden nur mit Buchstaben und Zahlen gekennzeichnet oder nach ihrem Sternbild benannt. Alpha Centauri ist zum Beispiel der hellste Stern im Sternbild Zentaur und Beta Centauri der zweithellste.

# Wie kann man Dinge im All erkennen?

Weit entfernte Dinge können wir mit Teleskopen besser erkennen. Teleskope sammeln das Licht. Je größer sie sind, desto mehr Licht können sie sammeln und desto genauer sehen wir die Himmelsobjekte. Auch wenn diese so weit weg sind, dass wir niemals hinfliegen können, lassen sie sich so von der Erde aus untersuchen.

## Verschiedene Teleskope

Es gibt zwei Arten von Teleskopen. Ein sogenannter Refraktor hat eine Linse und funktioniert ähnlich wie das menschliche Auge. Ein Reflektor dagegen hat statt der Linse einen Spiegel, mit dem er das Licht umlenkt.

Isaac Newtons Teleskop drehte sich auf einer Holzkugel.

# Die ersten Teleskope

Die ersten Teleskope wurden im Jahr 1608 gefertigt. Im Jahr darauf baute sich der italienische Gelehrte Galileo Galilei selbst ein Teleskop. Er entdeckte, dass Jupiter Monde besitzt, die Sonne Flecken hat und der Mond mit Bergen und Kratern übersät ist.

**WOW!**

Mit einem kleinen Teleskop kannst du selbst die **Jupitermonde** sehen, so wie einst Galilei. Vielleicht entdeckst du ja auch völlig neue Dinge!

## Schon gewusst?

Die ersten Minifiguren mit Fernrohren waren die **LEGO® Pirates** 2009. Auch Piraten beobachteten die Sterne, um sich auf See zu orientieren. Meistens suchten sie aber den Horizont nach Schiffen ab.

## BAU LOS!

Die Kuppel ist abnehmbar, damit man das Teleskop nutzen kann. Wird es nicht genutzt, kann man es einfahren und das Dach schließen. Ist es ausgefahren, gibt es Platz für eine Sterngucker-Minifigur.

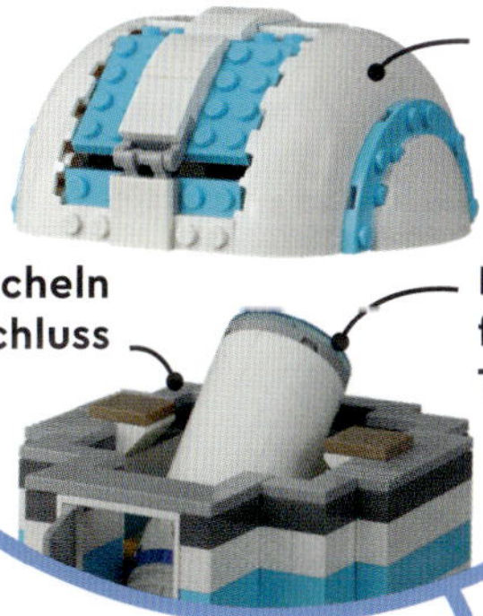

Seitlich gebogener runder 6×6-Eckstein

Glatte Kacheln als Abschluss

Eingefahrenes Teleskop

# Riesige Teleskope

Die Spiegel der größten Teleskope bestehen aus mehreren Segmenten. Sie liegen geschützt innerhalb großer Observatorien. Forschende beobachten damit alles: von Kometen im Sonnensystem bis hin zu sehr weit entfernten Galaxien.

Wird das Teleskop nicht genutzt, ist die Klappe geschlossen.

Die Kuppel schützt das Teleskop vor Wind, Regen und Staub.

**Echt jetzt?!**

Das „Extremely Large Telescope" in der Atacamawüste (Chile), das im Jahr 2028 fertig werden soll, wird das größte Teleskop der Welt. Der Hauptspiegel wird fast so breit wie **drei** Schulbusse hintereinander!

# Welches Teleskop ist das beste?

Das James-Webb-Weltraumteleskop ist das größte Teleskop, das je ins All geschickt wurde. Je größer das Teleskop, desto schärfer sind seine Bilder von Sternen, Planeten und anderen Himmelsobjekten! Weltraumteleskope liefern klarere Bilder als die Teleskope auf der Erde, weil im All keine Luft das Licht ablenken und die Bilder unscharf machen kann.

**Echt jetzt?!**
Damit das James-Webb-Weltraumteleskop funktioniert, muss es kälter sein als **-223 °C**!

## Infrarotlicht

Das James-Webb-Teleskop fängt Infrarotlicht ein, das wir Menschen nicht sehen können. Licht im Infrarotbereich liefert uns wichtige Informationen. Kameras und andere Geräte sammeln und untersuchen es, um Planeten zu erforschen und weit entfernte Galaxien aufzuspüren.

## L-2

Das James-Webb-Teleskop befindet sich an einem speziellen Ort, der L-2 genannt wird. Es kreist dort im gleichen Tempo um die Sonne wie die Erde. L-2 ist etwa viermal so weit von der Erde entfernt wie der Mond.

# Spieglein, Spieglein

Die großen gelben Scheiben sind Spiegel, die aus den seltenen Elementen Beryllium und Gold hergestellt wurden. Diese Elemente wurden verwendet, weil Beryllium sehr fest ist und Gold das Infrarotlicht besonders gut reflektiert.

## Schon gewusst?

Ein Spaceshuttle der NASA (Nationale Weltraumbehörde der USA) brachte 1990 das Hubble-Weltraumteleskop in die Erdumlaufbahn. **LEGO® Icons NASA Spaceshuttle „Discovery" (Set 10283)** feiert diesen Start mit wunderschönen, detailgetreuen Modellen.

**WOW!**

Das James-Webb-Weltraumteleskop ist mehr als **100-mal** leistungsfähiger als sein Vorgänger, das Hubble-Weltraumteleskop.

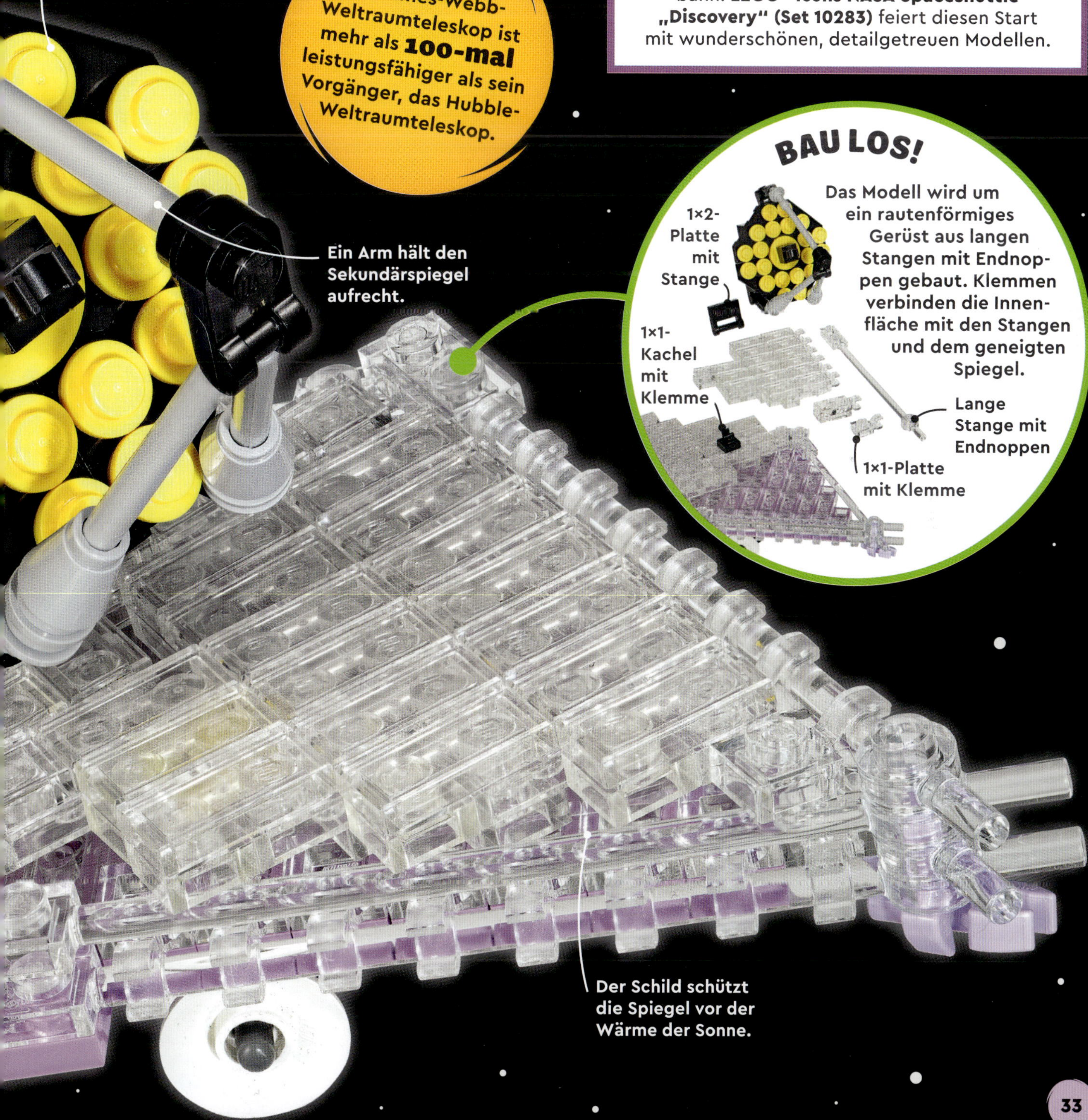


## BAU LOS!

Das Modell wird um ein rautenförmiges Gerüst aus langen Stangen mit Endnoppen gebaut. Klemmen verbinden die Innenfläche mit den Stangen und dem geneigten Spiegel.

1×2-Platte mit Stange
1×1-Kachel mit Klemme
Lange Stange mit Endnoppen
1×1-Platte mit Klemme

# Wie erforscht man weit entfernte Dinge?

In der Weltraumforschung werden viele kluge Methoden angewandt. Mit Teleskopen können Forschende weit entfernte Objekte sehen. Sie starten Raumsonden, die Fotos von Planeten aufnehmen und sie vermessen. Im Labor führen sie Experimente durch, mit denen sie vergleichen, ob im Weltraum alles so funktioniert wie auf der Erde – oder nicht.

### Schon gewusst?

**LEGO® Ideas Die NASA-Frauen (Set 21312)** ehrt vier Forscherinnen, die unser Wissen über das Universum erweitert haben: die Astronomin Nancy Grace Roman, die Informatikerin Margaret Hamilton und die Astronautinnen Sally Ride und Mae Jemison.

## Souvenirs

Astronauten oder Raumsonden bringen manchmal Proben aus dem Weltraum zur Erde, zum Beispiel Gesteinsproben von Asteroiden oder vom Mond. Damit untersuchen Forschende, wie und wann diese Himmelsobjekte entstanden sind.

## Regenbogenfarben

Himmelskörper können Licht abgeben, aufnehmen oder reflektieren. Bei der Spektroskopie zerlegt ein Prisma das Licht in seine einzelnen Farbbestandteile. So erkennen Forschende, woraus das Objekt besteht und wie schnell es sich bewegt.

### BAU LOS!

**Die schrägen Seiten neigen sich mit Scharniersteinen nach innen. Die Grundfläche wird von Lampensteinen aus seitwärts gebaut. Sie schließt beidseitig mit paarweise angeordneten 1×1-Dachsteinen ab.**

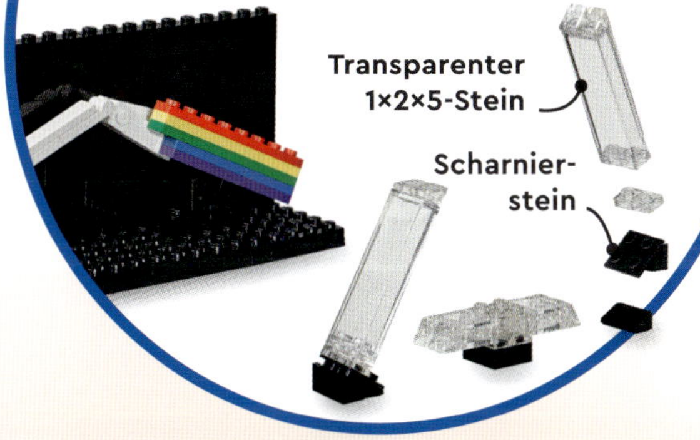

**WOW!**
**Helium** wurde erstmals in der Sonne entdeckt – mithilfe der Spektroskopie.

## Weltraumforschung

Es gibt viele Wissenschaften, die sich mit dem Weltraum befassen! Die Erforschung der Planeten heißt Planetologie, die der Sterne Astronomie und die Forschung, die untersucht, wie das Universum begann und wie es möglicherweise endet, nennt man Kosmologie.

**Echt jetzt?!**
Die Apollo-Missionen brachten insgesamt **382 kg** Gestein vom Mond zu uns auf die Erde!

# Wie helfen Roboter bei der Forschung?

Wir können Roboter an solche Orte im Sonnensystem schicken, wo es für Menschen zu gefährlich ist oder zu denen die Reise zu lang dauern würde. Manche unbemannten Raumsonden fliegen an Objekten vorbei und senden Fotos zur Erde, andere umkreisen sie oder landen sogar. Forschende können sie fernsteuern, aber sie brauchen viel Geduld, denn die Flüge dauern oft mehrere Jahre!

**Echt jetzt?!**
Die NASA-Sonde *New Horizons* war **9½ Jahre** unterwegs, bis sie Pluto erreichte!

## Weltpremiere

Die Raumsonde *Dawn* wurde 2007 gestartet und war eine Orbiter-Mission. Sie umkreiste erstmals zwei verschiedene Himmelskörper: zuerst den Asteroiden Vesta, dann den Zwergplaneten Ceres.

Die Raumsonde *Dawn* wurde von Solarmodulen mit Energie versorgt.

## Asteroiden-Analyse

Die japanische Sonde *Hayabusa2* setzte 2018 einen Rover auf dem Asteroiden Ryugu ab und brachte Proben zur Erde. Es war das erste Mal, dass ein Rover auf einem Asteroiden umherfuhr.

**Stell dir vor!**
Wie würde dein **LEGO-Weltraumroboter** aussehen? Was würde er sammeln oder finden?

## BAU LOS!

Baue ein Modell der Sonde *Dawn* aus wenigen kleinen Teilen. Beginne mit einem Stein mit vier Seitennoppen und füge für die Solarmodule Stangen und Kacheln mit Klemme hinzu.

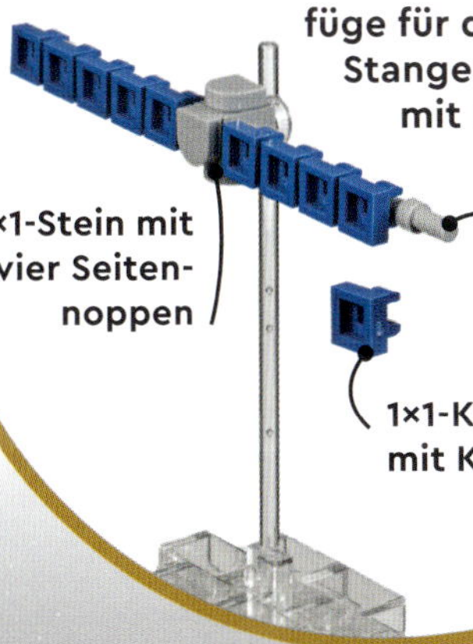


## Schon gewusst?

Der Satellit im Set **LEGO® Creator Spaceshuttle (Set 31134)** besteht aus nur sieben Teilen! Er passt in das 12 cm große Shuttle-Modell, das du auch zu einem Astronauten oder zu einem futuristischen Abfangjäger umbauen kannst.

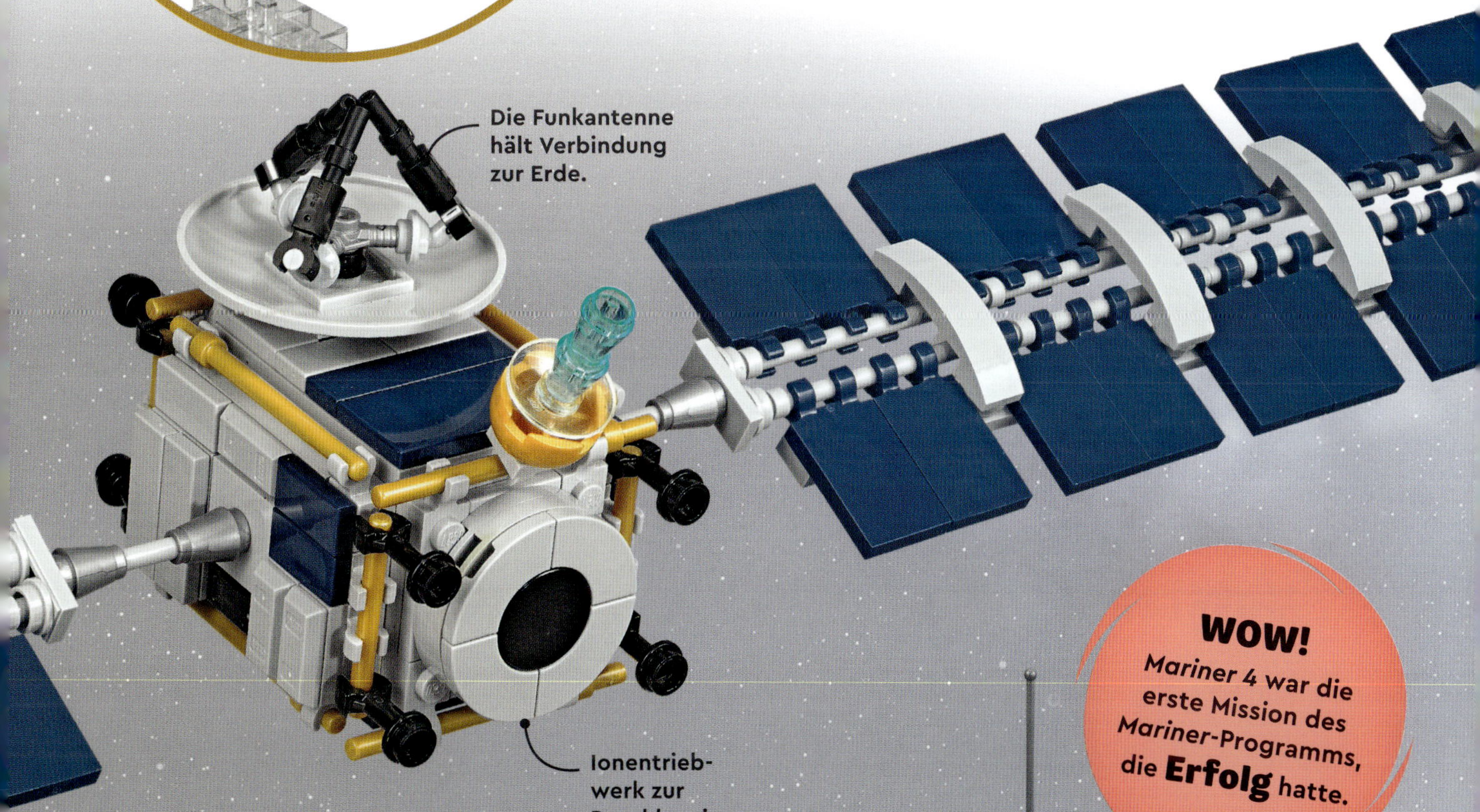


**WOW!** *Mariner 4* war die erste Mission des Mariner-Programms, die **Erfolg** hatte.

## Mars-Mission

*Mariner 4* war die erste NASA-Mission zum Mars. Die Sonde flog im Jahr 1965 am Roten Planeten vorbei und machte die ersten Nahaufnahmen seiner Oberfläche. Sie zeigten, dass der Mars mit Kratern übersät ist, ebenso wie der Mond.

# Wie funktioniert ein Mars-Rover?

Rover sind Roboterfahrzeuge, die die Oberfläche von Planeten oder anderen Objekten erkunden. Sie sollen möglichst viel über den Mond, Mars oder Asteroiden herausfinden. Mit Instrumenten wie Probenentnahmegeräten und Kameras sammeln sie Daten. Wenn den Forschenden auf den Fotos etwas Interessantes auffällt, können sie den Rover näher heransteuern und mehr Bilder machen lassen.

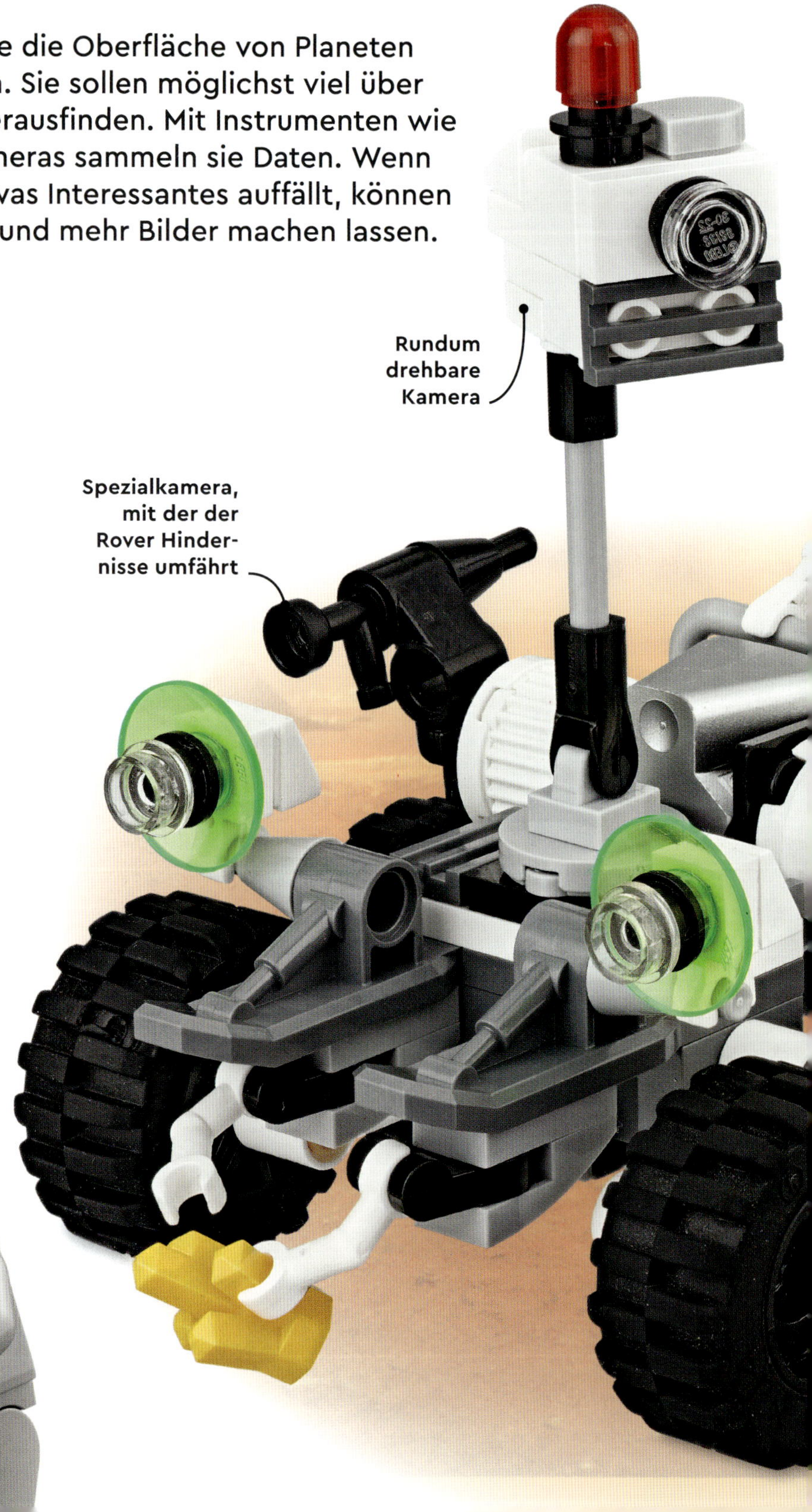


**Echt jetzt?!**

Der Mars-Rover *Opportunity* der NASA sollte nur rund **90 Tage** funktionieren, aber er hielt mehr als **5000 Tage** durch!

## Untersuchungen

Rover zeigen den Forschenden alles Mögliche auf dem Mars. Sie erkunden Krater, Hügel und Geröllfelder. Das Radar und andere Instrumente liefern Daten über das Gestein, die Luft und das Wetter auf dem Mars.

Mars

## Umlaufzeiten

Mars und Erde kreisen beide um die Sonne, aber da der Mars weiter von ihr entfernt ist als die Erde, braucht er länger, bis er eine Umlaufbahn vollendet. Daher kommen sich Mars und Erde manchmal nahe, während sie zu anderen Zeiten auf gegenüberliegenden Seiten der Sonne sind.

## Mars-Mission

Im Jahr 2020 sandte die NASA den Rover *Perseverance* und die Helikopterdrohne *Ingenuity* zum Mars. Sie landeten im Jezero-Krater, einem ausgetrockneten Seebett. Der Rover suchte dort nach Anzeichen für früheres Leben.

### Schon gewusst?

**LEGO® Technic NASA Mars Rover Perseverance (Set 42158)** ist ein motorisierter Nachbau des berühmten Rovers, komplett mit Roboterarm, 360°-Steuerung, Federung und einer nachgebauten *Ingenuity*-Drohne!

**WOW!**

***Ingenuity* ist das erste Fluggerät, das je auf einem anderen Planeten flog.**

**Stell dir vor!**

**Was findet dein LEGO Rover auf fernen Planeten? Baue etwas Überraschendes!**

### BAU LOS!

**Für die vier Räder des Rovers im Mikromaßstab werden runde Platten an 1×1-Platten mit Ringen gebaut. Mit anderen kleinen Elementen kannst du komplizierte Instrumente anfügen.**

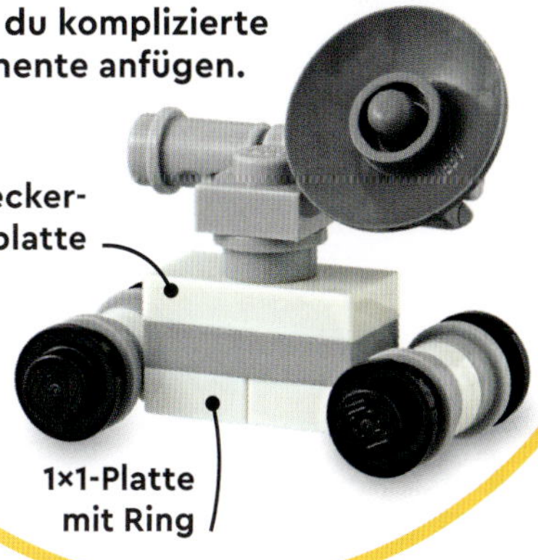

# Wie helfen uns Radiowellen in der Forschung?

Radiowellen sind eine Art von Licht, das wir Menschen nicht sehen. Aber spezielle Teleskope wie das VLA („Very Large Array“) können diese Lichtstrahlen empfangen. Radiowellen durchdringen die Staubwolken im Weltraum, entdecken Galaxien, die Milliarden Lichtjahre entfernt sind, und zeigen, wie warm Objekte sind und ob sie ein Magnetfeld besitzen. Auch die Kommunikation mit Raumfahrzeugen funktioniert mit Radiowellen, selbst wenn diese sehr weit weg sind!

**Schon gewusst?**

2021 wurden in LEGO® Stores überall auf der Welt aus LEGO Steinen gebaute Versionen von Fotos des Hubble-Weltraumteleskops ausgestellt, die Objekte in 7000 Lichtjahren Entfernung zeigten! Die Bilder wurden in Form von Radiowellen auf der Erde empfangen.

**Echt jetzt?!** Radioteleskope können **Tag** und **Nacht** benutzt werden.

## So entsteht ein Bild

Radioteleskope sehen aus wie große Schüsseln. Radiowellen, die dort hinein gelangen, werden auf eine kleinere Antenne reflektiert und zu einem Empfänger gelenkt. Computer erstellen daraus ein Bild, das unsere Augen erkennen können.

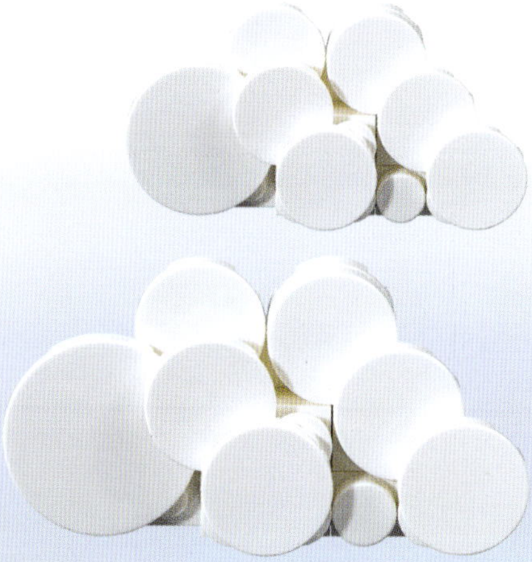

## Alle Wetter!

Die verschiedenen Arten des Lichts durchdringen verschiedene Stoffe. Radiowellen durchdringen auch Wolken, sodass die Forschenden bei jedem Wetter arbeiten können, sogar bei Regen.

## Im Verbund

Forschende verbanden Radioteleskope aus der ganzen Welt zum Event-Horizon-Teleskop. Damit konnten sie Fotos des Schwarzen Lochs im Zentrum unserer Galaxie aufnehmen.

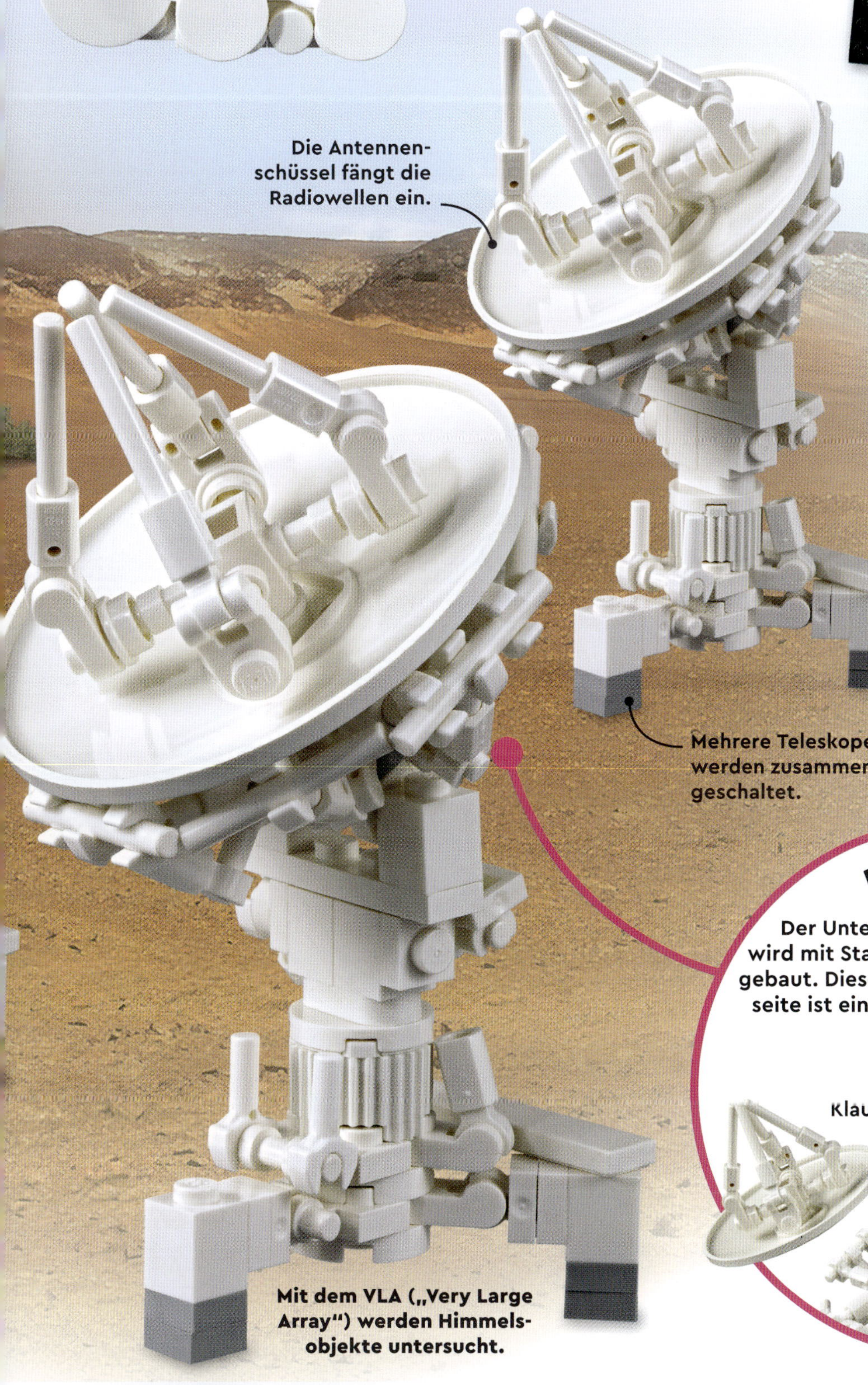

**Die Antennenschüssel fängt die Radiowellen ein.**

**Mehrere Teleskope werden zusammengeschaltet.**

**Mit dem VLA („Very Large Array“) werden Himmelsobjekte untersucht.**

**WOW!** Radioteleskope wurden etwa um **1930** erfunden.

## BAU LOS!

**Der Unterbau der Radioteleskope wird mit Stange-Klemme-Verbindungen gebaut. Dieses Gittergerüst an der Unterseite ist eins ihrer typischen Merkmale.**

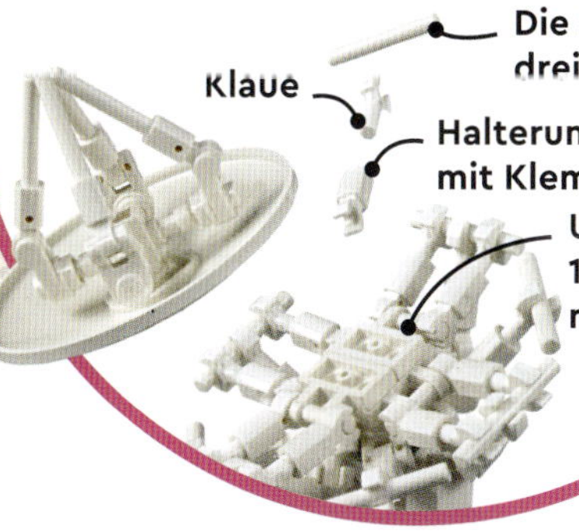

# Unsere Nachbarn

Die Erde ist nur eine von vielen Welten, die um die Sonne kreisen. Einige haben keinen festen Boden und liegen unter einer stürmischen Wolkendecke verborgen. Auf anderen gibt es riesige Gletscher und Vulkane, die Eis speien. Oft ist der Boden mit Hunderten von Einschlagkratern übersät. Im Sonnensystem erwarten uns viele Abenteuer und Entdeckungen. Vielleicht gibt es sogar Leben!

# Wie heiß ist die Sonne?

Die Sonne ist eine glühende Gaskugel und heißer als alles andere im Sonnensystem. Sie hat mehrere Schichten und keine feste Oberfläche. Dort beträgt die Temperatur rund 5500 °C, aber in ihrem Inneren ist es sogar noch heißer! Wenn du ein Thermometer in den Kern stecken könntest, würde es 15 Millionen °C anzeigen!

**Echt jetzt?!**
Licht braucht länger als 8 Minuten, um die Strecke von **150 Mio. Kilometern** von der Sonne bis zur Erde zurückzulegen.

Auf der Oberfläche blubbern heiße Gasblasen.

## Energie erzeugen

Die Sonne hat so viel Masse, dass ihr Gewicht ihren Kern zusammenpresst. Je stärker ihre Masse nach innen drückt, desto heißer wird sie. Im Kern herrschen so enorme Hitze und Druck, dass winzige Teilchen, die Wasserstoffatomkerne, zu neuen Elementen verschmelzen und dabei Energie freisetzen. Dieser Vorgang heißt Kernfusion, und die Energie gelangt in Form von Wärme und Licht zur Erde.

**WOW!**
Die Sonne ist so groß, dass die Erde **1,3 Mio.** mal hineinpassen würde!

## Schwerkraft

Die Sonne bildet das Zentrum des Sonnensystems. Ihre Schwerkraft hält die Planeten und alles andere, wie Asteroiden und Kometen, auf ihren Umlaufbahnen um die Sonne.

### Schon gewusst?

Solarmodule verwandeln die Energie der Sonne in elektrische Energie, die in Batterien gespeichert wird. Viele LEGO® Sets wie der **LEGO® City Elektro-Sportwagen (Set 60383)** enthalten nachgebaute Solarmodule.

### BAU LOS!

Dies ist ein Querschnittmodell, das heißt, du kannst ins Innere sehen. Hier zeigen sich der weiß glühende Kern und die inneren Schichten der Sonne, die du in Wirklichkeit nie zu Gesicht bekämst.

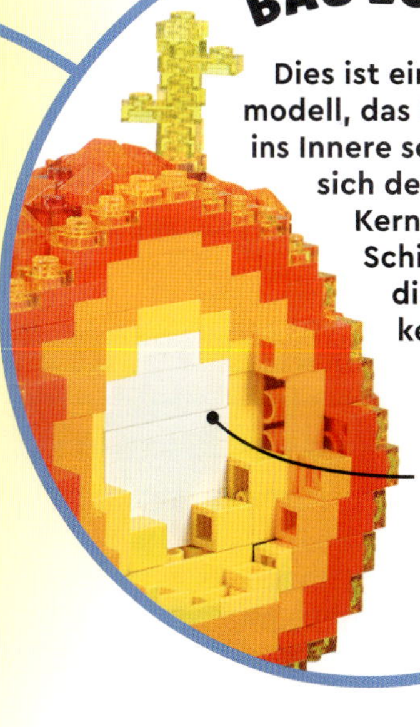


## Woraus sind Sterne?

Die Sonne ist ein Stern. Sterne bestehen vor allem aus Wasserstoff, aber auch kleinen Mengen anderer Elemente wie Helium und Kohlenstoff. Im Lauf ihres Lebens verschmelzen sie den Wasserstoff im Kern zu schwereren Elementen. Wenn alles verschmolzen ist, sterben sie.

# Wie groß können Planeten werden?

Jupiter, Saturn, Uranus und Neptun sind die vier Riesenplaneten im Sonnensystem. Man nennt sie auch Gas- oder Eisriesen. Da sie hauptsächlich aus Gas bestehen, haben sie keine feste Oberfläche wie Gesteins- oder *Zwerg*planeten. Der größte Gasplanet ist Jupiter. Er hat den 11-fachen Durchmesser der Erde und 318-mal so viel Masse wie sie. Doch so massereich er auch ist: Forschende glauben, dass es anderswo Planeten mit bis zu 13-mal mehr Masse gibt!

**WOW!**
Auf Saturn könnte es **Diamanten regnen**! Blitze verwandeln das Gas Methan in Ruß, der erst zu Grafit wird und dann zu Diamant aushärtet.

Saturns cremefarbene Wolken sind eiskalt.

Saturn

## Bausteine

Der kleinste Teil eines Elements ist ein Atom. Wie LEGO Steine können sich Atome verbinden und Moleküle bilden. Moleküle sind die Teilchen, aus denen chemische Stoffe wie Ammoniak und Methan bestehen. Diese verleihen den Riesenplaneten ihre Farben.

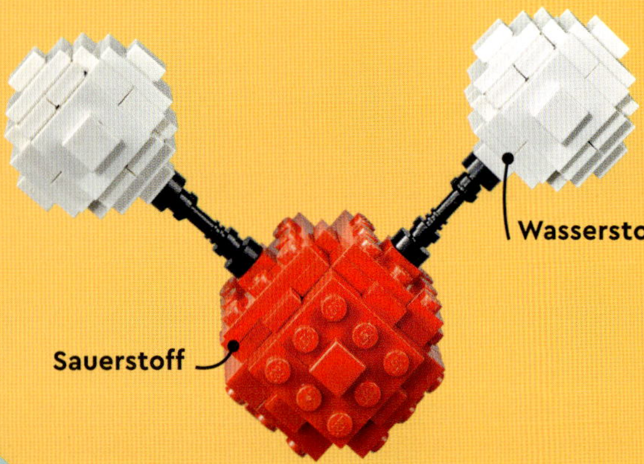

Wasserstoff

Sauerstoff

Wassermolekül

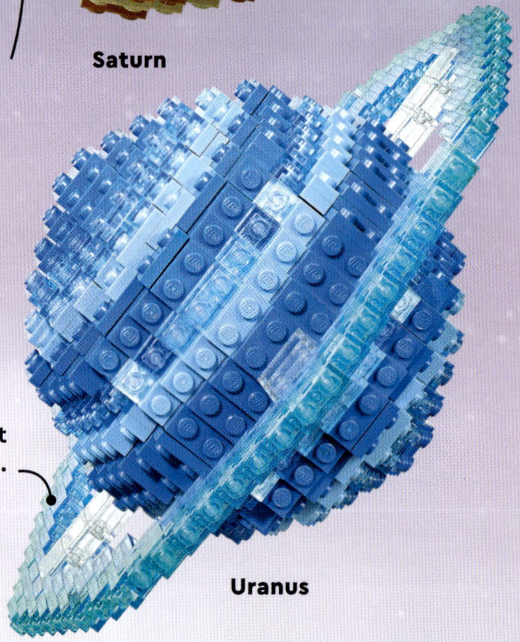

Uranus hat 13 Ringe.

Uranus

## Jupiters Schichten

Jupiters äußerste Schicht besteht vor allem aus Wasserstoffgas. Gewaltige Stürme peitschen über die Oberfläche. Darunter steigen Temperatur und Druck, sodass der gasförmige Wasserstoff zu einer kochend heißen Flüssigkeit zusammengepresst wird. Je tiefer man kommt, desto heißer wird es, bis der flüssige Wasserstoff so heiß und fest wird wie ein Metall.

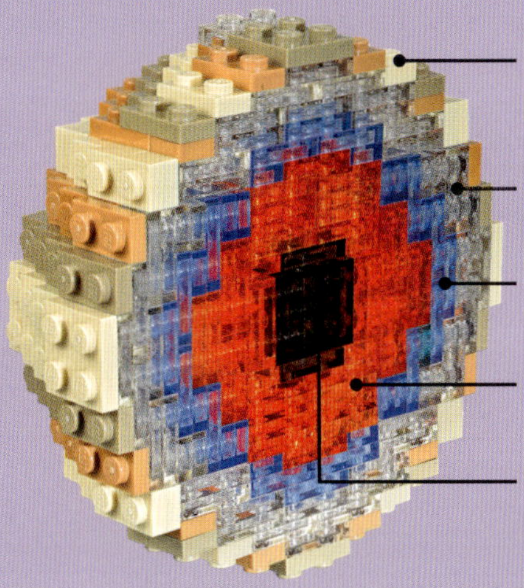

Jupiter rotiert so schnell, dass sich der Äquator nach außen wölbt.

Jupiter

**Echt jetzt?!**
Im Zentrum von Jupiter herrschen etwa **24 000 °C!**

### Schon gewusst?

Das klassische LEGO® Space Logo ist von Saturn und seinen Ringen inspiriert. Allerdings entsteht der Ring-Effekt durch ein abfliegendes Raumschiff! Minifiguren wie das Wesen **LEGO Space Creature 71032-11** tragen das Logo auf der Brust.

Auf Neptun toben die stärksten Stürme im ganzen Sonnensystem.

Neptun

## Weit weg

Neptun ist so weit weg, dass er nur durch ein Fernrohr oder Teleskop zu sehen ist. Uranus hingegen kannst du auch mit bloßen Augen erkennen, wenn du an einem sehr dunklen Ort bist und weißt, wo du suchen musst.

# Warum hat Pluto ein großes Herz?

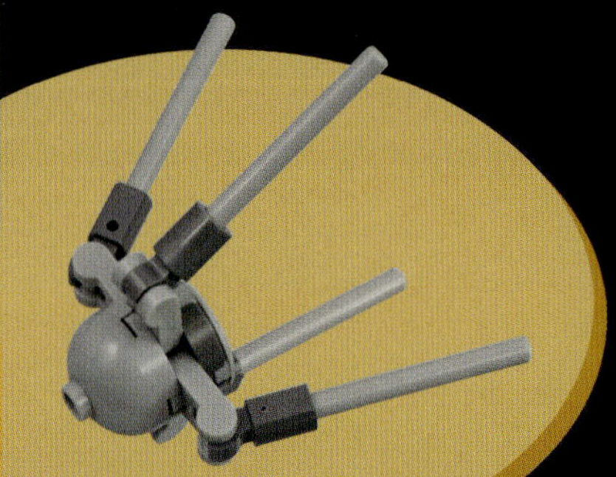

Der Satellit *Sputnik 1*

Pluto ist ein Zwergplanet in den Außenregionen des Sonnensystems. Auf seiner Oberfläche ist ein riesiges Herz erkennbar! Forschende halten dieses Herz für einen Krater, der vor einigen Milliarden Jahren durch den Einschlag eines großen Objekts entstand. Sie nannten das Herz nach Plutos Entdecker Tombaugh Regio. Die westliche Hälfte des Herzens heißt Sputnik Planitia, nach *Sputnik 1*, dem ersten Satelliten.

## Eisige Kälte

Plutos Umlaufbahn ist etwa 40-mal weiter von der Sonne entfernt als die der Erde. Deshalb liegt die Temperatur an der Oberfläche mehrere Hundert Grad unter Null! Die Berge und Felsen bestehen aus Eis und es wird oft so kalt, dass die Luft gefriert und als Schnee zu Boden fällt.

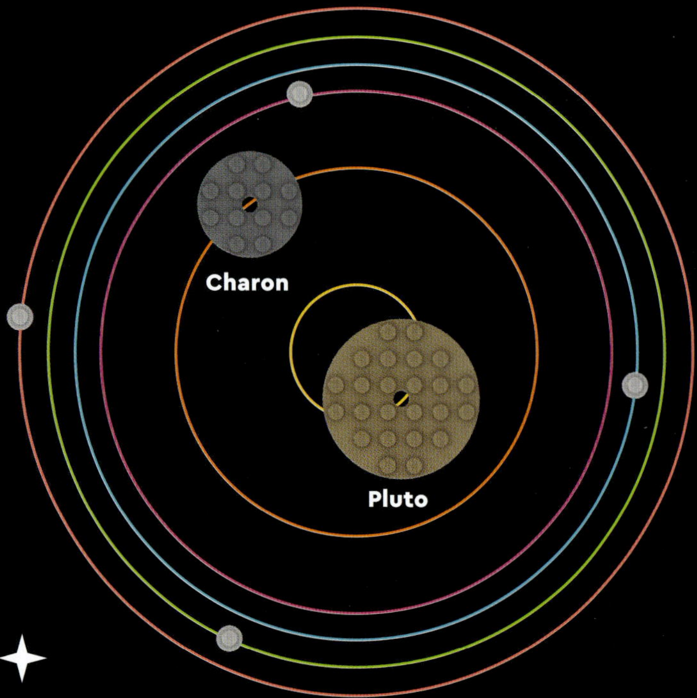


### Schon gewusst?

Ninja Zane war (soweit wir wissen) zwar noch nie auf Pluto, aber in **LEGO® NINJAGO® Festung im ewigen Eis (Set 70678)** strandet er in einer anderen weit entfernten, eisigen Welt!

## Charon

Charon ist Plutos größter Mond. Er ist so groß, dass viele Forschende Pluto und Charon als einen Doppelplaneten betrachten – also als zwei Planeten, die einander umkreisen. Es gibt noch vier kleinere Monde, die um beide kreisen.

**Echt jetzt?!**
Ein Jahr auf Pluto dauert **248** Erdenjahre.

**WOW!**
Ein **11-jähriges** Mädchen gab Pluto seinen Namen. Pluto war ein römischer Gott der Unterwelt.

## Turmhohe Stacheln

Pluto hat eine feste Oberfläche wie die Erde. Es gibt dort Berge, Täler und sogar Gletscher, aber auch seltsame Landformen wie spitze Eistürme, die höher aufragen als Wolkenkratzer.

## BAU LOS!

**Der Eisturm ist nur durch eine Noppe mit dem übrigen Modell verbunden! Die geneigten Seiten werden seitwärts angebaut und schließen glatt mit der Kachelfläche um den Verbindungspunkt ab.**

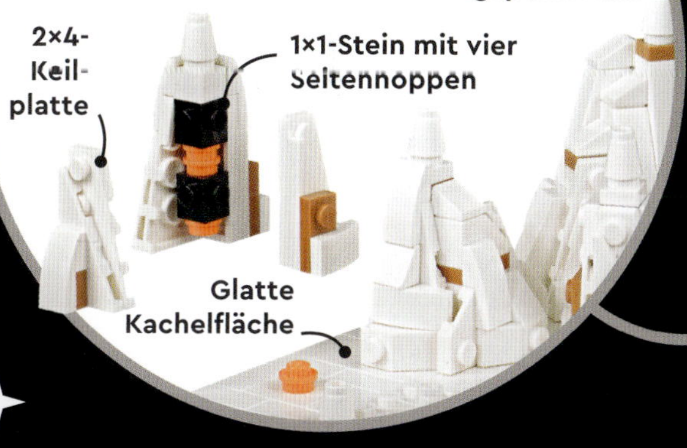

# Kann man im All tauchen?

Die Erde ist der einzige bekannte Planet mit Meeren aus flüssigem Wasser auf der Oberfläche. Aber das heißt nicht, dass es nirgendwo anders Ozeane gibt! Viele Monde und Zwergplaneten haben riesige Wassermassen unterhalb einer dicken Eis- oder Gesteinsschicht. Wir wissen bereits von mehr als einem Dutzend solcher Himmelskörper, die es zu erforschen gilt!

## Europa

Europa ist der kleinste der vier großen Jupitermonde. Unter der Eiskruste ist der ganze Mond mit einem tiefen, flüssigen Wasserozean bedeckt. Vielleicht gibt es dort auch Vulkane und heiße Spalten wie auf der Erde.

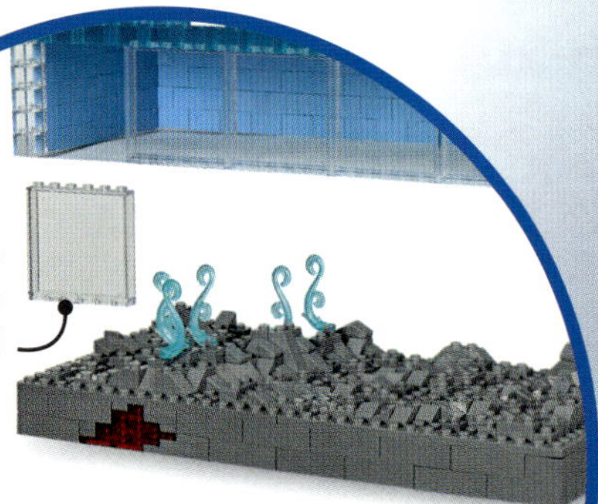


## BAU LOS!

Transparente Wände eröffnen den Blick ins Meer. Das Querschnitt-Modell zeigt wie durch eine Fensterscheibe, wie eine Wasserwelt aussehen könnte – ohne, dass das Wasser abläuft!

## Schon gewusst?

Auch auf der Erde müssen die Ozeane noch erforscht werden! Die LEGO City Minifiguren sind fleißig dabei. Mit dem **LEGO® City Forscher-U-Boot (Set 60379)** finden sie Haie, die sich in einem Schiffswrack tummeln.

# Tiefe Bohrung

Die Ozeane der Erde erforschen wir mithilfe von Sonden. Die Planetologen hoffen, dass sie eines Tages auch Sonden auf fremden Planeten absetzen, um deren Ozeane zu untersuchen. Sie müssten tief bohren und schwimmen können.

**Echt jetzt?!**
Obwohl der Mond Europa kleiner ist als die Erde, gibt es dort **doppelt so viel** Wasser wie in allen Ozeanen der Erde zusammen!

# Titan

Titan ist der größte Saturnmond. Auch in seinem Inneren gibt es Wasser, aber an der Oberfläche liegt eine andere Flüssigkeit. Auf der Erde ist Methan meist gasförmig, aber auf Titan ist es so kalt, dass es flüssig oder fest ist. Titans Flüsse und Meere bestehen daher aus flüssigem Methan!

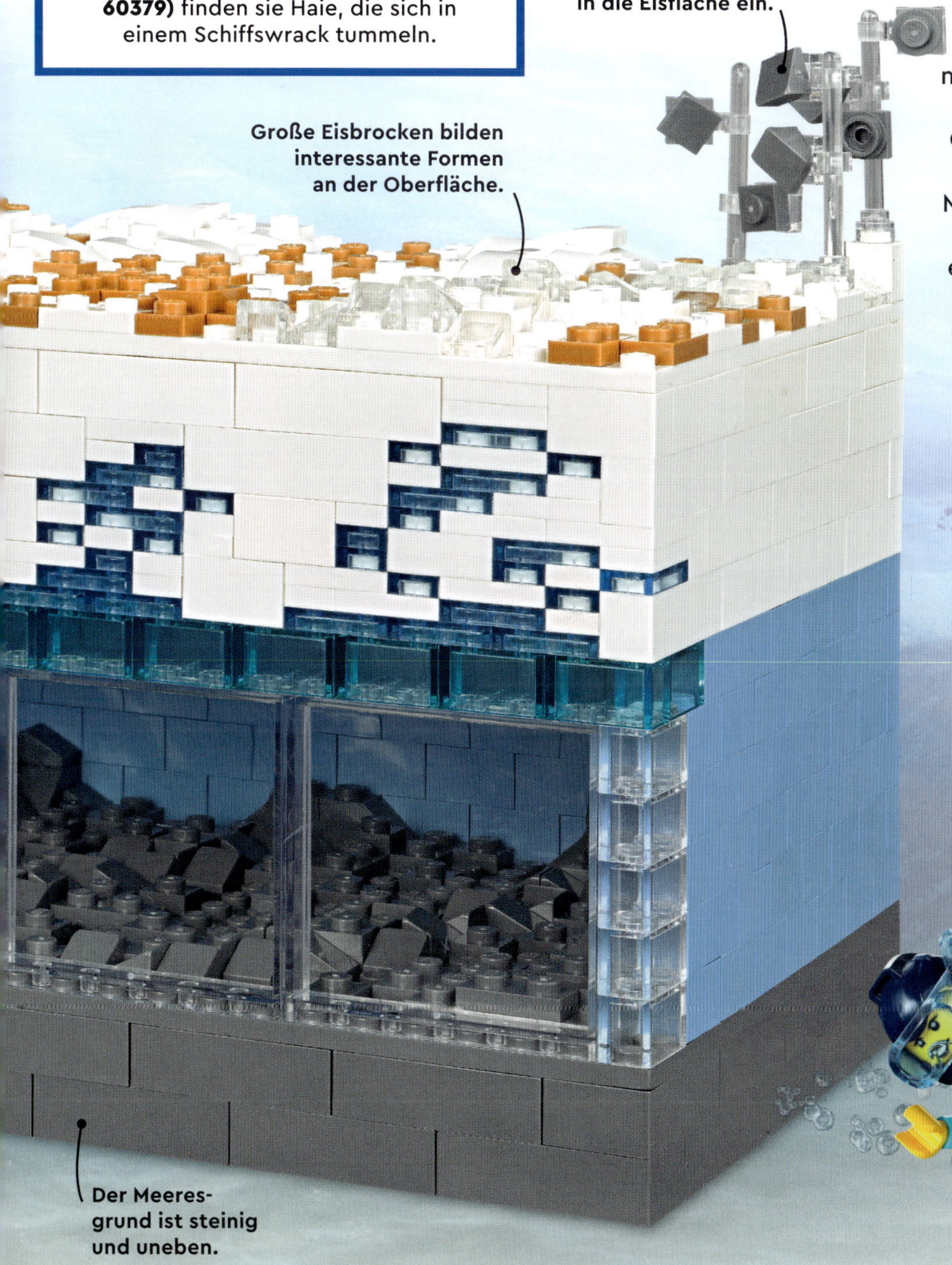


**WOW!**
Titan ist der einzige Ort im äußeren Sonnensystem, auf dem bereits eine **Raumsonde** gelandet ist.

# Kann ein Vulkan Eis speien?

Sogenannte Kryovulkane werfen kein geschmolzenes Gestein aus, sondern chemische Stoffe, die man „Wasser-“ und „Ammoniak-Eise“ nennt. Der Kryovulkan, der der Erde am nächsten liegt, ist der rund 200 Millionen Jahre alte Ahuna Mons auf dem Zwergplaneten Ceres. Er ist halb so hoch wie der höchste Berg der Erde, der Mount Everest. Früher übergoss Ahuna Mons die Oberfläche von Ceres mit Eis – so wie Vulkane den Erdboden mit Lava.

**WOW!**
„Kryo“ leitet sich von dem griechischen Wort für **Kälte** oder **Eis** ab.

## Die Frostgrenze

Je weiter eine Region im Sonnensystem von der Sonne entfernt ist, desto kälter ist es dort. Kryovulkane findet man nur auf Himmelskörpern, die jenseits der Frostgrenze liegen. Ab dieser Entfernung kommt Wasser nur noch in gefrorenem Zustand vor.

**Schon gewusst?**

In **LEGO® Friends Ferien im Iglu (Set 41760)** sind glücklicherweise keine Eisvulkane in Sicht. Dafür gibt es einen gefrorenen Wasserfall und einen Iglu aus transparenten Kuppelteilen.

**Echt jetzt?!**
In der Nähe von Kryovulkanen könnte man vielleicht außerirdisches **Leben** finden.

## Heiß und kalt

Irdische Lava besteht vor allem aus geschmolzenem Silizium und Sauerstoff. Die „Lava“ in Kryovulkanen ist dagegen aus Wasser-, Ammoniak- oder Methan-Eis. Das „Eis“ ist beim Ausbruch flüssig und gefriert dann.

Spalten und Erhebungen auf der Kruste von Ceres

## Viele Vulkane

Forschende haben Kryovulkane auf zahlreichen Himmelskörpern entdeckt, darunter Europa, Enceladus, Triton und Pluto. Möglicherweise sind Kryovulkane im Sonnensystem gar nichts Besonderes.

Aus dem Kryovulkan brechen Wasser, Ammoniak und Methan aus.

Salzablagerungen und Schlamm türmen sich zu einem Berg auf.

Ahuna Mons

**Stell dir vor!**

Wie sähe wohl ein **Alien** von einem Eisplaneten aus? Baue ein LEGO Alien, dann weißt du es!

**BAU LOS!**

Die Eiswolke des Kryovulkans wird größtenteils von oben nach unten gebaut. Den unteren Abschluss bildet ein 2×2-Rundstein, in den die Stange passt. Sie verstärkt die Basis der Wolke.

# Warum haben Kometen Schweife?

Kometen bestehen aus Eis und Gestein und kreisen um die Sonne. Wenn sie in deren Nähe kommen, erwärmt sich das Eis, sodass kleine Gesteinsbrocken abbrechen und einen Schweif bilden. Die meisten Kometen fliegen weit draußen im Kuipergürtel und der Oortschen Wolke, aber einige kommen ins innere Sonnensystem, wo auch die Erde ist. Wenn sie nahe genug sind, können wir sie am Himmel sehen.

**WOW!**
Der Name „Komet" leitet sich von dem griechischen Wort für **Haar** ab, weil sie für die Leute früher aussahen wie Sterne mit Pferdeschwanz!

## Lange und kurze Bahnen

Kometen, die für eine Umrundung der Sonne weniger als 200 Jahre brauchen, nennt man kurzperiodisch. Wenn sie länger brauchen, heißen sie langperiodisch.

**Echt jetzt?!**
Einige Kometen sind so groß wie eine **Großstadt**!

## Schon gewusst?

In **LEGO® Ideas Abenteuer im Astronauten-Kinderzimmer (Set 40533)** hat sich ein Junge ein Raumschiff aus Kisten gebaut! Auch die Katze ist mit an Bord. Ihr gefallen die schönen Kometen an den Flügeln besonders gut!

# Kometen-Landung

Kometen entstanden in den Anfängen des Sonnensystems und haben sich kaum verändert. Durch ihre Erforschung weiß man, wie das Sonnensystem vor 4,5 Mrd. Jahren aussah. Im Jahr 2004 schickte die Europäische Weltraumorganisation (ESA) mit der Mission *Rosetta* einen Lander auf den Kometen 67P/Tschurjumow-Gerassimenko.

**Der Gasschweif ist Millionen Kilometer lang.**

**Der Staubschweif reflektiert das Sonnenlicht und leuchtet weiß oder gelblich.**

## BAU LOS!

**Der Kometenkern wird ebenso gebaut wie die Planeten auf Seite 17. Weil er auf allen Seiten Noppen hat, kannst du den langen Schweif einfach wie einen Turm an den Kern anbauen.**

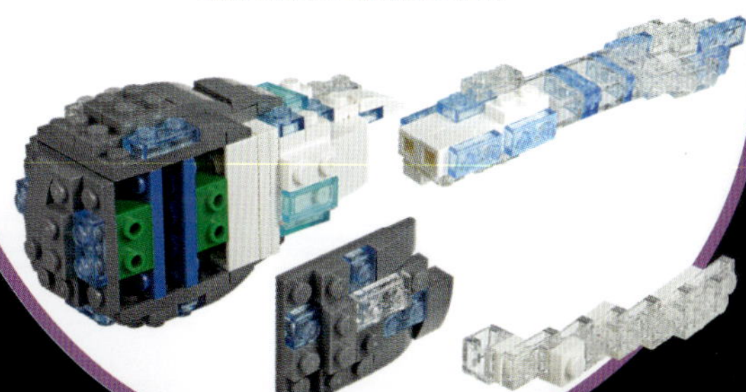

## Kosmisches Rätsel

'Oumuamua ist ein rätselhaftes Objekt von einem fremden Stern, das im Jahr 2017 durch unser Sonnensystem flog. Einige Forschende meinten, es könnte von Aliens gebaut worden sein, aber die meisten hielten es für einen Kometen.

# Warum hat Jupiter Streifen?

Jupiter ist gestreift, weil kalte, stürmische Wolkenbänder durch die Luft – seine Atmosphäre – treiben. Da Jupiter keinen festen Boden hat, können Winde ungebremst mit einigen Hundert Stundenkilometern über ihn hinwegfegen. Dabei bilden sie verschieden farbige Bänder. Die dunklen Streifen nennt man Gürtel, die hellen Zonen. In den Gürteln sinkt kalte Luft nach unten, in den Zonen steigt warme Luft nach oben. Die Streifen auf Saturn entstehen ebenso.

**Echt jetzt?!** Mehr als **1300** Erdkugeln hätten in Jupiter Platz.

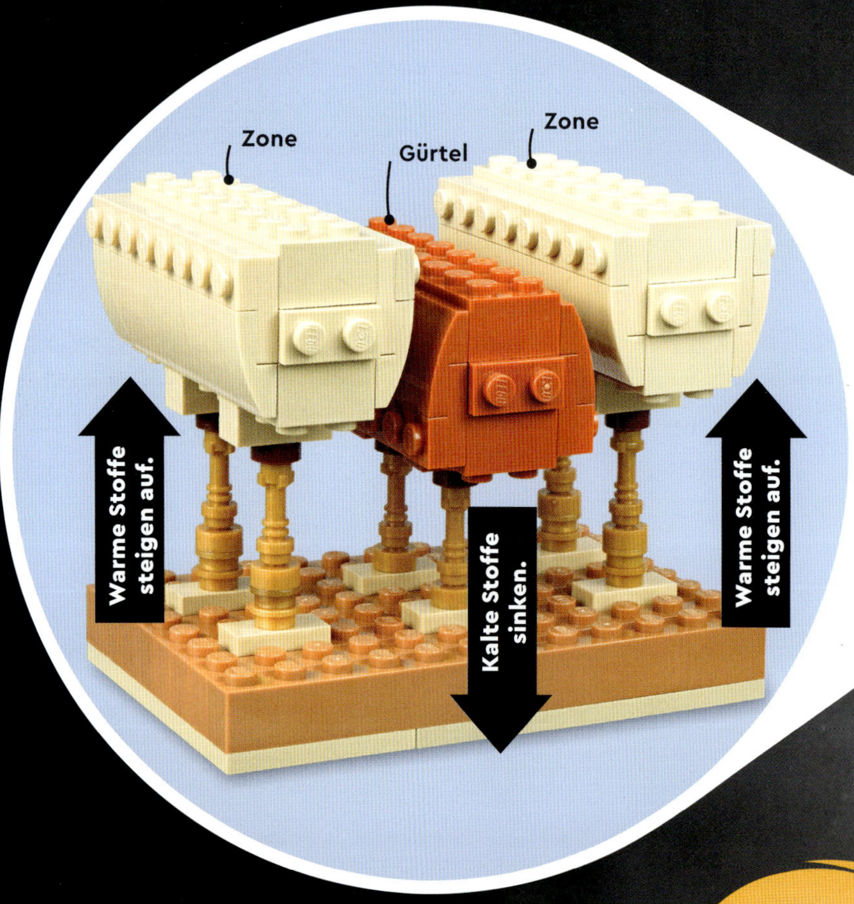

## Bunte Chemie

Die Riesenplaneten Jupiter und Saturn bestehen fast nur aus den zwei Gasen Wasserstoff und Helium. Die Farben stammen aber von kleinen Mengen anderer Stoffe wie Ammoniak, Schwefel und Phosphor.

**WOW!** Der Große Rote Fleck auf Jupiter ist ein gigantischer Wirbelsturm, der seit **300** Jahren tobt!

***Pioneer 11*** **schoss 1974 die ersten Nahaufnahmen des Großen Roten Flecks.**

## Schon gewusst?

Jupiter wird von drei LEGO Minifiguren umkreist! Die Aluminium-Figuren befinden sich an Bord der NASA-Sonde *Juno*. Es handelt sich um den höchsten römischen Gott Jupiter, der über Himmel und Donner herrscht, seine Frau Juno, die eine Lupe für Entdeckungen hält, und den berühmten Astronomen Galileo Galilei (17. Jh.).

## Wie ist das Wetter?

Auf der Erde erzeugt die Wärme der Sonne das Wetter, aber Jupiter und Saturn sind so weit von der Sonne entfernt, dass sie sie kaum erwärmt. Ihr Wetter wird von der Hitze in ihrem Inneren erzeugt.

## Saturn-Erforschung

Über die Stürme, Ringe und Monde des Saturns wissen wir ziemlich viel. Die Sonde *Cassini* umkreiste Saturn 13 Jahre lang, zwischen 2004 und 2017. Sie sammelte nicht nur Daten sondern machte auch viele Fotos.

# Wo steht der größte Vulkan im All?

Vulkane gibt es nicht nur auf der Erde: Olympus Mons auf dem Mars ist der größte bekannte Vulkan im Sonnensystem. Mars ist zwar kleiner als die Erde, aber Olympus Mons ist größer als jeder Berg auf unserem Planeten. Er ist dreimal so hoch wie der Mount Everest und seine Grundfläche würde mehr als vier Fünftel von Deutschland bedecken!

## Vulkanmond

Der Jupitermond Io ist mit ausbrechenden Vulkanen übersät. Er ist die vulkanisch aktivste Welt im Sonnensystem, die Eruptionen sieht man sogar aus dem All. Ios größter Vulkan heißt Loki Patera, nach dem nordischen Gott Loki.

**WOW!**
Olympus Mons ist nach dem Berg benannt, auf dem in den griechischen Sagen die **Götter** leben.

## Valles Marineris

Auf dem Mars gibt es nicht nur den größten Vulkan, sondern auch den größten Canyon im Sonnensystem! Valles Marineris ist fünfmal so lang und viermal so tief wie der berühmte Grand Canyon in Arizona (USA).

**Echt jetzt?!**
**Venus** hat mehr bekannte Vulkane als jeder andere Planet.

## Rekord auf Erden

Der Mauna Kea auf Hawaii ist der größte Vulkan der Erde und mit 9750 m auch der höchste Berg. Da aber sein Fuß größtenteils unter Wasser liegt, sehen wir ihn nicht vollständig.

### Schon gewusst?

Die **LEGO® City Erkundungsmissionen im Weltraum (Set 60354)** haben keine gedruckte Anleitung. Sie werden mithilfe einer Smartphone-App aufgebaut, die dich auf den Mars mitnimmt!

# Hat ein Asteroid einen Gürtel?

Asteroiden sind Brocken aus Stein und Metall, die um die Sonne kreisen. Es gibt viele Millionen dieser meist unregelmäßig geformten Gesteine im Sonnensystem. Die meisten befinden sich im Asteroidengürtel, einem Ring aus Schuttteilen zwischen Mars und Jupiter. „Asteroid" heißt „sternähnlich", da die frühen Astronomen zwar erkannten, dass Asteroiden keine Sterne waren, sie aber durch ihre kleinen Teleskope wie Sterne aussahen.

Im Gürtel liegen die Asteroiden sehr weit auseinander.

**BAU LOS!**

Die Tragflächen des Raumschiffs sehen fast wie Insektenflügel aus! Jede ist über ein Kugelgelenk mit dem Rumpf verbunden, sodass sie je nach Fluglage in alle Richtungen schwenken können.

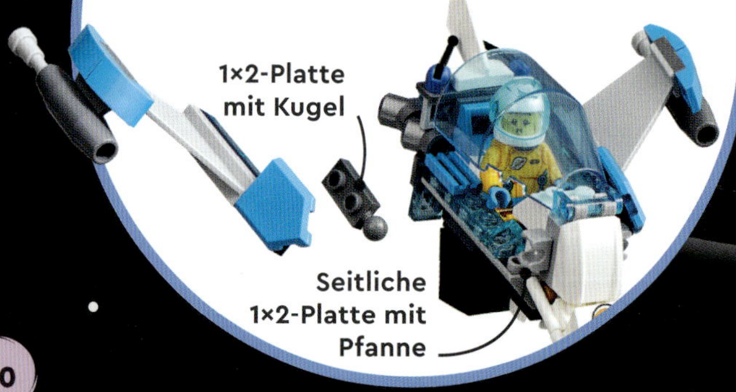

## Bestandteile

Viele Asteroiden bestehen aus Mineralen, aus denen in Zukunft Raumfahrzeuge oder Stationen gebaut werden könnten. Auf einigen gibt es sogar Wassereis, aus dem man Trinkwasser oder Treibstoff herstellen könnte.

**WOW!**
Ceres ist nach der **römischen Göttin** des Ackerbaus benannt. Das Wort „Cerealien" für Frühstücksflocken stammt auch daher.

## Erste Entdeckung

Am 1. Januar 1801 wurde Ceres als erstes Objekt im Asteroidengürtel entdeckt. Der Zwergplanet ist viel größer als alle Asteroiden dort. Planetenforschende denken, dass er in einem anderen Teil des Sonnensystems entstanden ist und vor einigen Milliarden Jahren in den Asteroidengürtel wanderte.

Einige Asteroiden sehen aus wie Kartoffeln!

### Schon gewusst?

Passagiere des **LEGO® City LKW mit Weltraumkarussell (Set 60313)** können sich genau vorstellen, wie es ist, ein Asteroid zu sein. Sie drehen und drehen sich auf einer immer gleichen Bahn!

## Asteroiden-Basis

Vesta ist der zweitgrößte Asteroid und so groß, dass er wahrscheinlich einen Eisenkern hat und früher auch Vulkane. Er würde sich wohl gut als Standort für eine Weltraumbasis eignen.

**Echt jetzt?!**
Vesta ist der einzige Asteroid, der von der Erde aus ohne **Teleskop** sichtbar ist!

# Was ist eine Sternschnuppe?

Hast du schon mal eine Sternschnuppe gesehen? Sie heißen auch Meteore und sind eigentlich gar keine Sterne. In Wirklichkeit sind es kleine Brocken, die aus dem Weltraum auf die Erde fallen. Beim Sturz durch die Atmosphäre reiben sie sich an den Luftteilchen. Dadurch werden sie so heiß, dass sie verglühen.

Ein Meteor rast mit etwa 70 km pro Sekunde über den Himmel.

**BAU LOS!**

Wände aus schwarzen Steinen bilden einen guten Hintergrund für Weltraum-Modelle. Als Sterne kannst du weiße stangenförmige Elemente von hinten in Lampensteine stecken.

## Meteorschauer

Wenn Kometen in die Nähe der Sonne kommen, verlieren sie oft viele kleine Schuttbrocken. Wandert die Erde dann durch eine solche zurückgelassene Materialwolke, sieht man nachts zahlreiche Sternschnuppen oder Meteore. Ein solches Auftreten von vielen Meteoren in kurzer Zeit nennt man einen Meteorschauer.

**WOW!**

Jedes Jahr im August kann man einen berühmten Meteorschauer beobachten: die **Perseiden**.

## Tiefer Einschlag

Manchmal schlagen auch große Objekte wie ganze Kometen oder Asteroiden auf der Erde oder anderen Himmelskörpern wie Mond und Mars ein. Dann bleibt jedes Mal ein Krater zurück. Der größte Einschlagkrater im Sonnensystem ist das Südpol-Aitken-Becken auf dem Mond.

**Echt jetzt?!**
Das Südpol-Aitken-Becken auf dem Mond hat einen Durchmesser von etwa **2575 km**.

### Schon gewusst?

Die **LEGO® Creator Weltraum-Achterbahn (Set 31142)** entführt die Minifiguren auf eine wilde Fahrt, vorbei an Raketen, Planeten, einem Mars-Rover und einem Meteor, dessen Schweif sogar leuchtet!

## Brennende Steine

Manchmal verglühen Meteore nicht vollständig, sondern schlagen auf dem Boden auf. Solche Steine aus dem All heißen Meteoriten. Jeden Tag fallen 10 bis 50 Meteoriten auf die Erde. Die meisten landen im Meer, aber manchmal finden Forschende sie auch in der Wüste oder der Antarktis.

# Woraus bestehen die Ringe des Saturn?

Die Saturnringe sehen zwar aus der Ferne aus, als seien sie fest, aber sie bestehen aus Abermillionen kleiner Eisstückchen, die um den Planeten kreisen. Einige Eisstücke sind winzig wie Staubkörner, andere so groß wie ein Haus. Da sie das Licht sehr gut reflektieren, leuchtet der Planet Saturn sehr hell.

**WOW!**
Saturn hatte seine Ringe nicht immer und sie werden auch eines Tages wieder **verschwinden**!

**Echt jetzt?!**
Die Ringe des Saturns sind gewaltige **280 000 km** breit!

## Schon gewusst?

Die Rakete, die im Jahr 1969 die ersten Astronauten zum Mond brachte, heißt auch Saturn. **LEGO® Ideas NASA Apollo Saturn V (Set 21309)** enthält diese historische Rakete – mit genau 1969 Teilen!

## Entstehung

Forschende glauben, dass ein Mond aus Eis zu dicht um Saturn kreiste. Saturns starke Schwerkraft zerriss den Mond in winzige Stücke, die heute die Ringe bilden.

## Zwergplaneten

Auch bei einigen Zwergplaneten wie Haumea wurden Ringe entdeckt. Sie stammen wohl von einer Kollision, die Eis- und Steinstücke in eine Umlaufbahn um Haumea schleuderte.

## Riesenplaneten

Uranus

Saturn ist nicht der einzige Riesenplanet mit Ringen. Auch Jupiter, Uranus und Neptun haben Ringe, aber sie sind schwer zu sehen, weil sie aus Steinen und Staub bestehen und deshalb kaum Licht reflektieren.

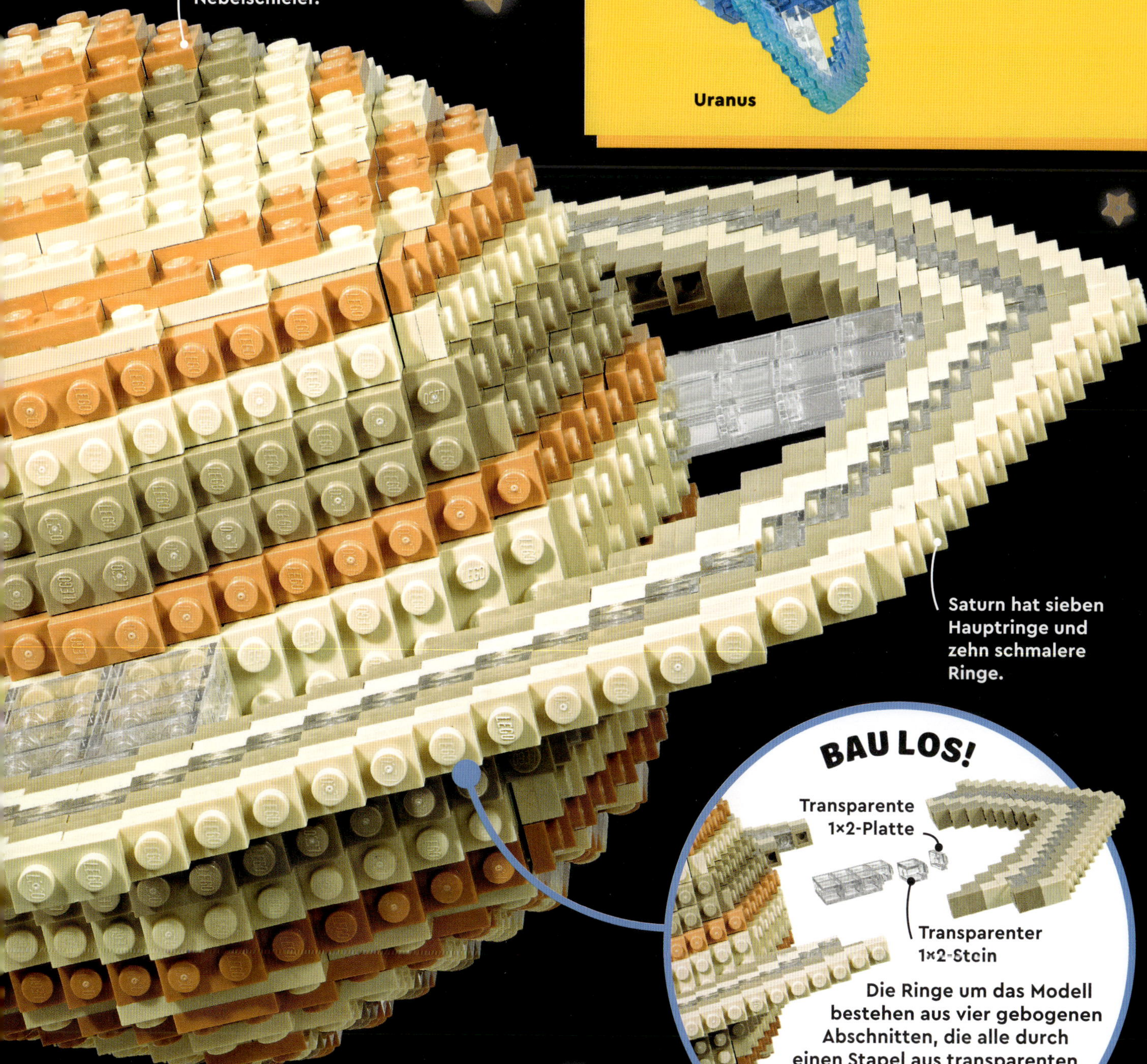


### BAU LOS!



Die Ringe um das Modell bestehen aus vier gebogenen Abschnitten, die alle durch einen Stapel aus transparenten Steinen mit dem Planeten verbunden sind. Untereinander sind sie nicht verbunden.

# Könnte man auf Venus leben?

Venus ist einer unserer Nachbarplaneten. Sie ist fast genauso groß und schwer wie die Erde. Auf ihrer Oberfläche ist es jedoch knapp 480 °C heiß, das ist etwa dreimal so heiß wie die Ofenhitze beim Kuchenbacken. Ohne spezielle Schutzausrüstung könnten Menschen dort auf keinen Fall landen.

## Aktiver Vulkan

Venus ist mit Vulkanen übersät! Es gibt viele Hunderte auf ihrer Oberfläche und Forschende haben festgestellt, dass einer der größten, Maat Mons, heute noch aktiv ist.

Venus wird mit wissenschaftlichen Instrumenten untersucht.

Solarmodule lieferten die Energie für *Venera 9*, die erste Sonde, die 1975 Venus umkreiste.

### BAU LOS!

Fünf Radarschüsseln runden die Spitze der Orbitersonde *Venera 9* ab. Dahinter folgen zwei normale und zwei umgekehrte Winkelplatten, damit der würfelförmige Kern genug Seitennoppen hat.

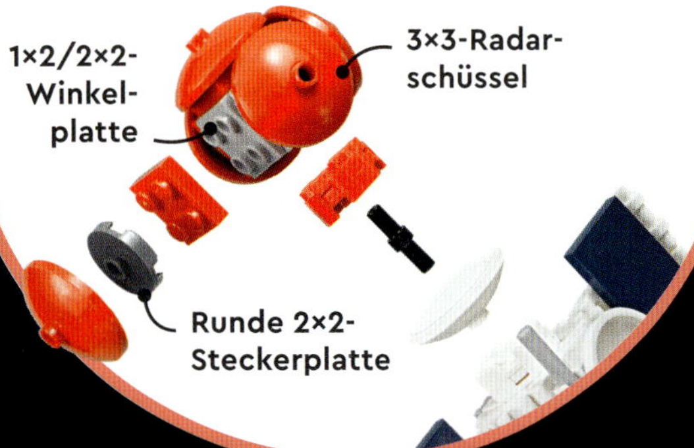

Ein großer Teil der Venusoberfläche ist festes Gestein, das früher flüssig war.

**WOW!**
Auf der Venus dauert ein **Tag** länger als ein **Jahr**! Vielleicht wurde ihre Drehung bei einem schweren Einschlag gebremst.

**DAVINCI+**

## Expedition zur Venus

Die NASA plant für das Jahr 2030 zwei neue unbemannte Venus-Missionen: DAVINCI+ und VERITAS. Sie sollen den Boden und die Luft der Venus untersuchen und Hinweise liefern, warum es dort so anders ist als auf der Erde und ob es dort jemals Leben gab oder gibt.

### Schon gewusst?

Venus hat eine wirbelnde, wolkige Atmosphäre. Wenn du Wolkenformationen bauen willst, findest du spezielle Elemente zum Beispiel in **LEGO® Creator Postkarte aus Australien (Set 40651)**.

**Echt jetzt?!**
Da Venus unter dichten **Wolken** liegt, dachten Forschende früher, dass es dort feuchte Dschungel geben müsse.

## Die Venus-Atmosphäre

Auf Venus ist es sehr heiß, weil die Atmosphäre sehr dicht ist. Die Luft ist beinahe 100-mal dichter als auf der Erde. Wir könnten dort nicht atmen, weil sie vor allem aus Kohlendioxid besteht. Dieses Treibhausgas hält die Wärme fest, deshalb bleibt es dort auch weiterhin heiß.

# Gibt es Leben außerhalb der Erde?

Das All ist riesig und es gibt noch viel zu entdecken! Bisher hat niemand außerirdische Lebewesen gefunden, aber an einigen Orten im Sonnensystem könnte sich die Suche lohnen. Wesen auf anderen Planeten sehen vielleicht ganz anders aus als wir. Da auf der Erde alle Organismen Wasser brauchen, forscht man zuerst dort, wo es Wasser gibt.

**WOW!**

Die Wissenschaft von **außerirdischen Lebewesen** heißt Astrobiologie.

**BAU LOS!**

**Dieses Eis-Alien hat starke Kugelgelenke und Flossen aus Zähnen mit Klemmen anstelle von Händen und Füßen. Auch für den Zackenkamm auf dem Kopf werden Zähne verwendet!**

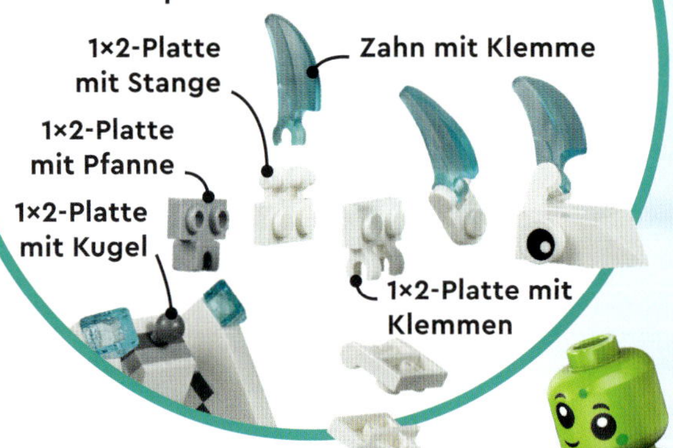

## Leben auf dem Mars?

Vor Milliarden Jahren war der Mars der Erde vermutlich sehr ähnlich. Er hatte eine dichte Atmosphäre, warme Temperaturen und fließendes Wasser auf der Oberfläche. Auch heute könnte es unter der Oberfläche noch flüssiges Wasser geben. Forschende hoffen, dass sich darin einfache Lebensformen verbergen.

## Die richtige Atmosphäre

Auf dem Boden von Venus ist es zu heiß für Wasser, aber hoch in der Luft hat eine Wolkenschicht genau die richtige Temperatur. Es wäre möglich, dass dort Bakterien umherschwirren, die aus Sonnenlicht Energie gewinnen, so wie die Pflanzen auf der Erde.

**Echt jetzt?!**
Mikroskopisch kleine **Bärtierchen** haben tatsächlich die Reise durch das Vakuum des Weltalls überlebt!

**Schon gewusst?**

LEGO City Astronauten treffen in Sets wie **LEGO® City Weltraum-Rover mit Außerirdischen (Set 60431)** auf Aliens. Jedes Alien besteht aus drei Teilen, darunter ein grüner Minifigur-Kopf mit drei aufgedruckten Augen!

## Unter der Oberfläche

Die Ozeane, die auf Europa oder Pluto unter dicken Eisschichten liegen, wären für die Suche nach Leben perfekt geeignet. Wer weiß, was für erstaunliche Kreaturen dort unten vielleicht umherschwimmen?

**Stell dir vor!**
Wie könnte ein **Alien-Fahrzeug** auf einem Eisplaneten wohl aussehen? Baue einen coolen Schlitten!

# Wo ist das Sonnensystem zu Ende?

Wir wissen nicht genau, wie weit das Sonnensystem reicht. Die am weitesten entfernte Welt, die je von einer Sonde besucht wurde, ist das vom Hubble-Teleskop entdeckte Planetesimal Arrokoth. Planetesimale sind Stein- oder Eisbrocken, die nicht groß genug sind, um ein runder Planet zu werden. Arrokoth besteht aus zwei Objekten, die zusammenprallten und nun aussehen wie ein roter Schneemann.

**WOW!**
**Arrokoth ist 45-mal so weit von der Sonne entfernt wie die Erde – also mehr als 6 Mrd. km!**

**BAU LOS!**

**Die kompliziert wirkende Technik an der Spitze des Modells besteht aus einem Ölkännchen, einem Steckschlüssel und einem Uhrenschlüssel. Der Aufbau wird an Steinen mit Seitennoppen befestigt.**

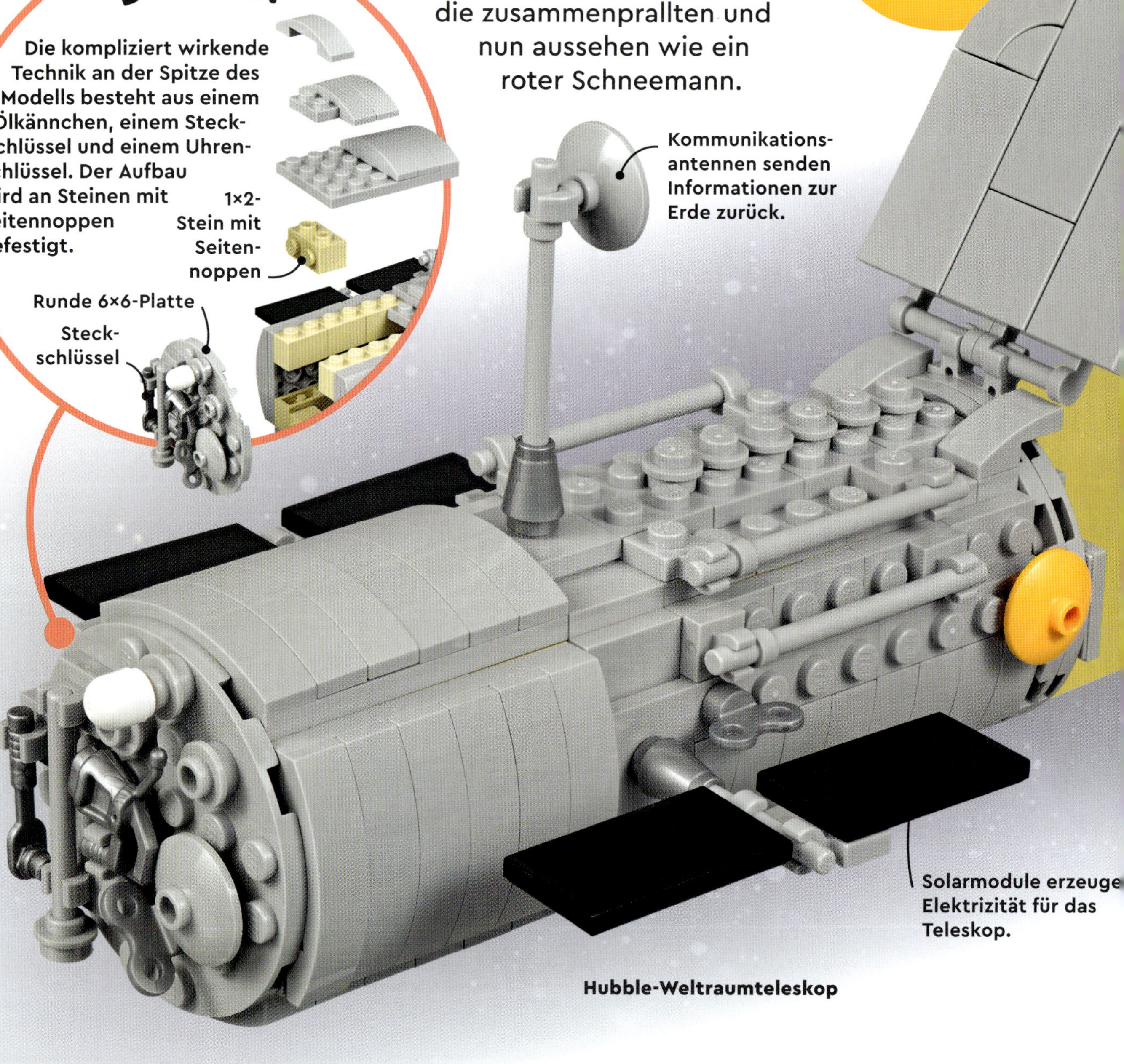


**Hubble-Weltraumteleskop**

## Schon gewusst?

Ein Mikromodell des Hubble-Weltraumteleskops gibt es in dem Set **LEGO® Ideas Die NASA-Frauen (Set 21312)**. Es besteht aus 20 Teilen, darunter ein Element, das normalerweise als Abfalleimer verwendet wird!

## Weit draußen

Ein Objekt in den fernsten Außenbezirken des Sonnensystems ist der Zwergplanet Sedna. Er ist so weit von der Sonne entfernt, dass eine Umkreisung mehr als 11 000 Jahre dauert.

**Die Klappe schließt sich, um das Teleskop vor zu viel Sonnenlicht zu schützen.**

**Arrokoth**

## Hinter Neptun

Neptun ist der am weitesten von der Sonne entfernte Planet, aber die hinter ihm liegenden Objekte gehören dennoch zum Sonnensystem. Der Kuipergürtel ist ein Ring aus eisigen Kometen und Zwergplaneten und dahinter liegt eine Region voller Kometen namens Oortsche Wolke. Sie umgibt das System wie eine Blase.

**Echt jetzt?!** Die Oortsche Wolke erstreckt sich womöglich so weit wie ein ganzes **Lichtjahr**!

## Astronomische Einheit

Entfernungen im Sonnensystem werden meistens in Astronomischen Einheiten (AE) gemessen. Eine AE ist der Abstand zwischen Erde und Sonne. Wenn also etwas fünf AE von der Sonne entfernt ist, liegt es fünfmal weiter weg als die Erde.

# Welche Sonden sind am weitesten gereist?

Fünf Sonden befinden sich auf einem Kurs, der sie aus dem Sonnensystem hinausführt: *Pioneer 10*, *Pioneer 11*, *Voyager 1*, *Voyager 2* und *New Horizons*. *Voyager 1* hat bereits die Entfernung von 24 Mrd. Kilometern überschritten und ist am weitesten gereist. Beide *Voyagers* und *New Horizons* funktionieren noch und liefern Daten über das äußere Sonnensystem. *New Horizons* startete zuletzt, im Jahr 2006, und wird wohl noch bis etwa 2050 arbeiten.

Die Antenne von *New Horizons* empfängt Anweisungen von der Erde.

## Große Ziele

Die Zwillingssonden *Voyager 1* und *Voyager 2* starteten im Jahr 1977 zu ihrer weiten Reise. In den folgenden 12 Jahren besuchten sie alle vier Riesenplaneten des Sonnensystems. *Voyager 2* ist das einzige Raumfahrzeug, das je an Uranus und Neptun vorbeiflog!

**Echt jetzt?!**
*Voyager 1* fliegt schneller als **61 000 km/h**!

## Letzte Grenze

Die Sonne erzeugt eine schützende Blase um das Sonnensystem, die Heliosphäre, die ihre Planeten vor schädlicher Strahlung schützt. Die *Voyager*-Sonden haben die Heliosphäre zwar verlassen, aber es dauert noch lange, bis sie die Bahnen der letzten Kometen hinter sich lassen werden.

*Voyager 1*

## BAU LOS!

Die drei Streben dieser Antenne sind gleich gebaut, aber nur eine ist mit dem obersten Teil verbunden. Die beiden anderen sind angelehnt. Zusammen bilden sie eine Pyramide.

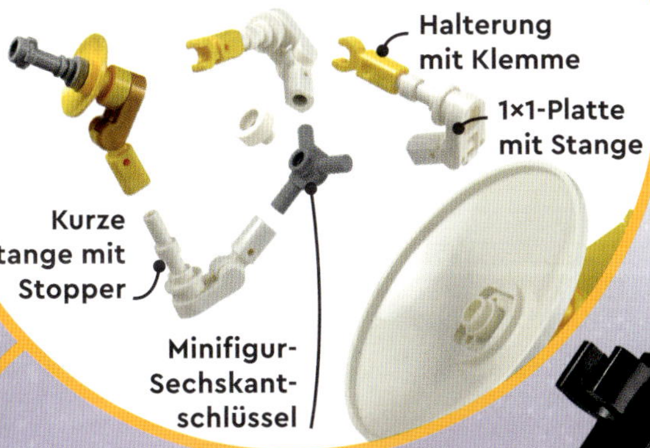


## Schon gewusst?

Die ersten LEGO® Technic Elemente kamen in demselben Jahr heraus, in dem *Voyager 1* und *2* gestartet wurden. Heute hat die LEGO Technic Reihe eigene Raumfahrzeuge wie das **Weltraum-Transportfahrzeug LT78 (Set 42178)**.

**WOW!**

*New Horizons* ist die einzige Mission, die je den **Kuipergürtel** hinter Neptun erkundete.

## Immer in Bewegung

Mit der Methode der Sternparallaxe messen Forschende die Entfernung von Sternen. Sie vergleichen Fotos, die auf der Erde aufgenommen wurden, mit Fotos, die eine Sonde mit hochwertiger Kamera gemacht hat, und berechnen, wie stark sich die Richtung, in die der Stern liegt, zwischen den Aufnahmepunkten unterscheidet.

# Jenseits der Sonne

Um unser Sonnensystem herum erstreckt sich eine Galaxie voller außergewöhnlicher Objekte. Sterne, viel größer als die Sonne, leuchtende Staub- und Gaswolken, Licht verschlingende Schwarze Löcher, vielleicht sogar Botschaften von fremden Kulturen. Welche Rätsel wirst du entdecken?

# Woher kommen die Sterne?

Sterne sind riesige Kugeln aus Wasserstoff, die in ihrer Mitte so heiß werden, dass darin winzige Teilchen, die Wasserstoffkerne, miteinander verschmelzen. Bei dieser „Fusion" entstehen das Licht und die Wärme, die wir als Sonnen- oder Sternenlicht kennen, und auch neue Elemente wie Helium und Kohlenstoff. Sterne bilden sich, wenn die Schwerkraft sehr viel Wasserstoff und andere Elemente zusammenzieht. Je mehr Material ein Stern hat, desto stärker wird die Schwerkraft und desto heißer wird es im Kern.

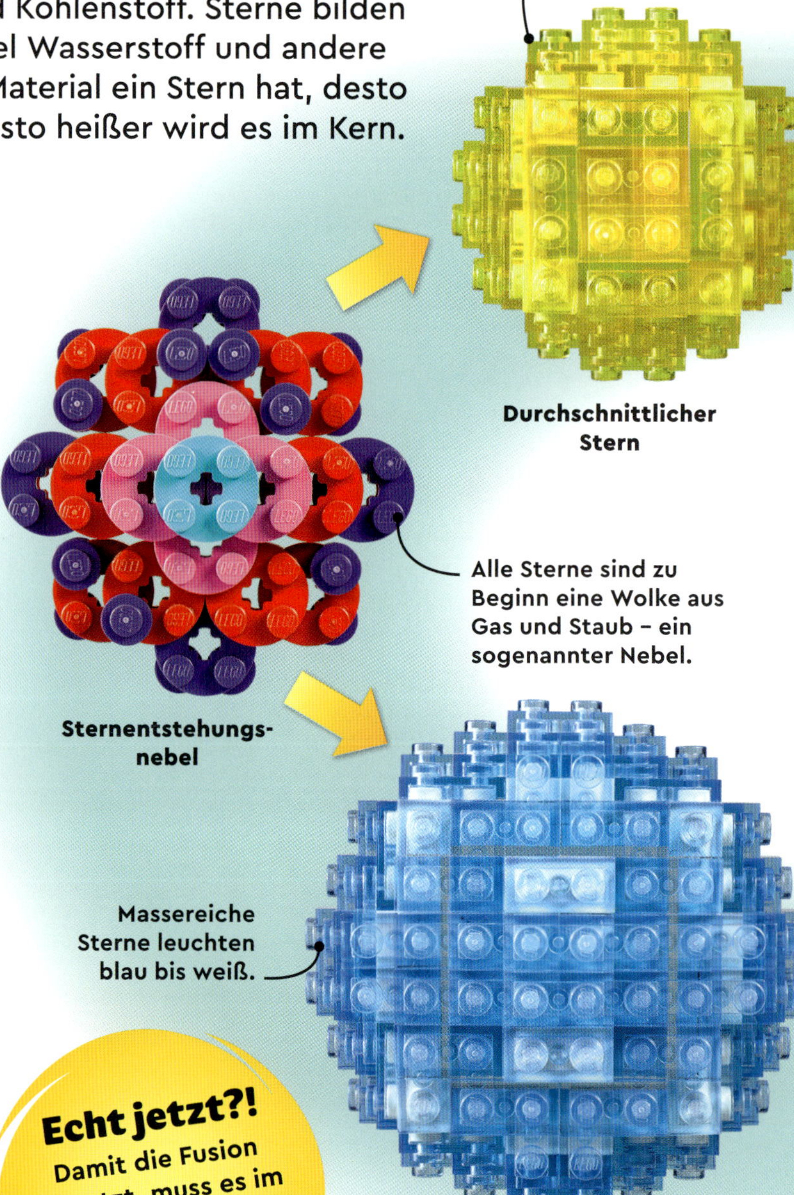


## Protosterne

Bevor im Kern des Sterns die Fusion einsetzt, ist er ein Protostern. „Proto" heißt „früh" oder „vor". Ein Protostern ist also so etwas wie ein Sternenbaby.

### Schon gewusst?

Wenn du Glück hast, findest du sogar in LEGO® Sets Sterne! In **LEGO® City Umstoß-Stuntchallenge (Set 60341)** sind sieben Sterne enthalten, die im Dunkeln leuchten!

## Weiße Zwerge

Sterne wie die Sonne sind massearm. Sie haben also weniger Material als große Sterne. Deshalb explodieren sie nicht, wenn ihr Brennstoff ausgeht, sondern werfen nur die äußere Hülle ab. Diese bildet einen planetarischen Nebel aus Gas und Staub. Der übrige Kern ist ein Weißer Zwerg. Das Material des Nebels wird vielleicht später zu einem neuen Stern.

**Echt jetzt?!**
Damit die Fusion einsetzt, muss es im Kern des Sterns viele **Millionen Grad** heiß werden.

# Sterben Sterne?

Irgendwann geht einem Stern der Brennstoff im Zentrum aus und er stirbt. Massereiche Sterne stürzen ein und explodieren in Form einer gewaltigen Supernova. Sie stoßen ihr Material weit hinaus ins All, wo es Nebel bildet, die später von der Schwerkraft wieder zu neuen Sternen zusammengezogen werden.

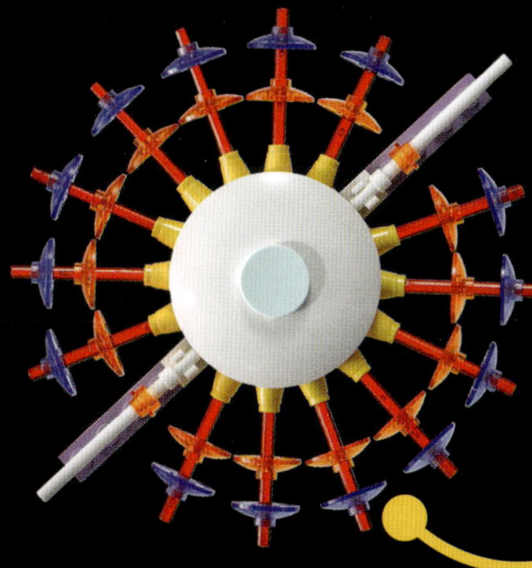

**Supernova**

## BAU LOS!

Diese Explosion in kosmischen Farben wird um ein großes Lenkrad gebaut. Klauen verbinden die Speichen mit dem Rad und eine helle Radarschüssel verdeckt die Verbindungen in der Mitte.

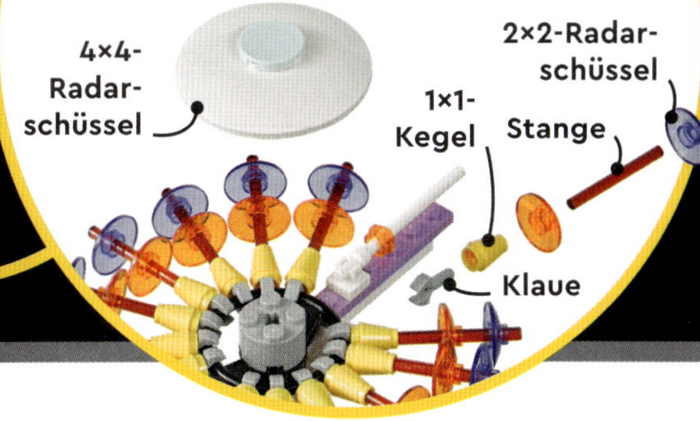

**Roter Riese**

Alte Sterne dehnen sich aus und werden rot.

Die äußere Hülle wird abgestoßen.

**Planetarischer Nebel**

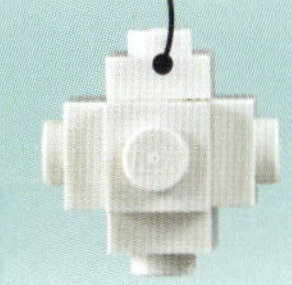

Nur der glühend heiße Kern bleibt übrig.

**Weißer Zwerg**

**WOW!**
Der der Sonne nächste Stern ist ein **massearmer Stern** namens Proxima Centauri.

**Roter Superriese**

Alte massereiche Sterne werden sehr groß.

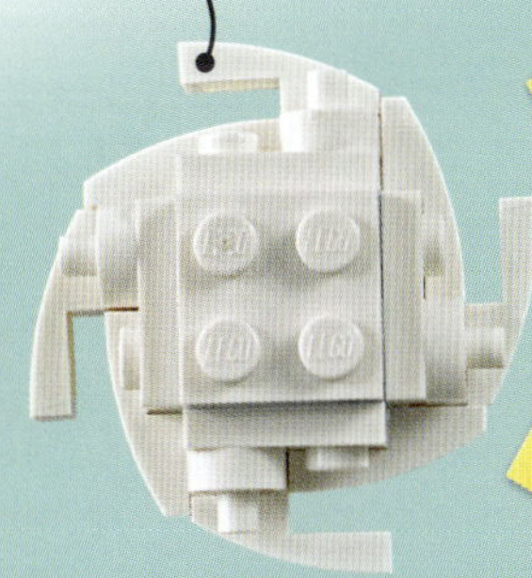

Massereiche Sterne explodieren, wenn sie sterben.

**Supernova**

Die meisten massereichen Sterne enden als Neutronensterne.

**Neutronenstern**

Einige massereiche Sterne verwandeln sich in Schwarze Löcher.

**Schwarzes Loch**

# Sind alle Sterne gleich?

Von der Erde aus sehen die Sterne zwar alle ähnlich aus, aber tatsächlich sind sie in Farbe und Größe sehr verschieden. Je mehr Materie ein Stern hat, desto massereicher ist er. Massereiche Sterne sind im Kern viel heißer als massearme Sterne. Je heißer der Kern, desto schneller verbraucht der Stern seinen Brennstoff und stirbt.

## BAU LOS!

Transparent-farbige Teile können auf andersfarbigen Teilen interessante Effekte erschaffen. Hier werden transparent-gelbe Steine auf rote gesteckt, sodass es wirkt, als sei das Innere sehr heiß.

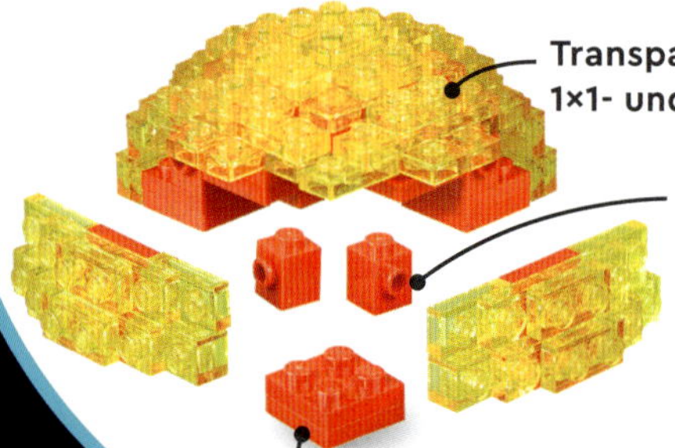


## Unsere Sonne

Die Sonne ist ein Zwergstern. Sie ist also im Vergleich zu anderen Sternen sehr klein. Der größte bekannte Stern, Stephenson 2-18, ist mehr als 2000-mal so groß wie sie.

**WOW!** In etwa **5 Mrd. Jahren** wird sich unsere Sonne zu einem Roten Riesenstern aufblähen.

Rote Zwerge sind die häufigste Sternklasse.

**Wolf 359**

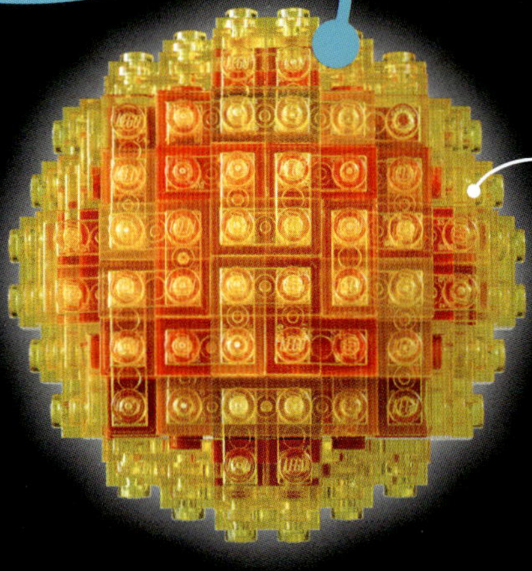

Die Sonne ist ein gelber Stern.

**Sonne**

### Schon gewusst?

Du darfst niemals direkt in die Sonne blicken, aber das **LEGO® Technic Sonne-Erde-Mond-Modell (Set 42179)** darfst du ruhig ausgiebig bewundern. Es zeigt, wie die Erde um die Sonne und der Mond um die Erde kreist.

## Sternfarben

Die Farben der Sterne zeigen, wie heiß ihre Oberfläche ist. Sie entsprechen den Farben in einer Flamme: Rote Flammen – und rote Sterne – sind kühl, blaue dagegen sehr heiß. Dazwischen liegen Orange, Gelb und Weiß.

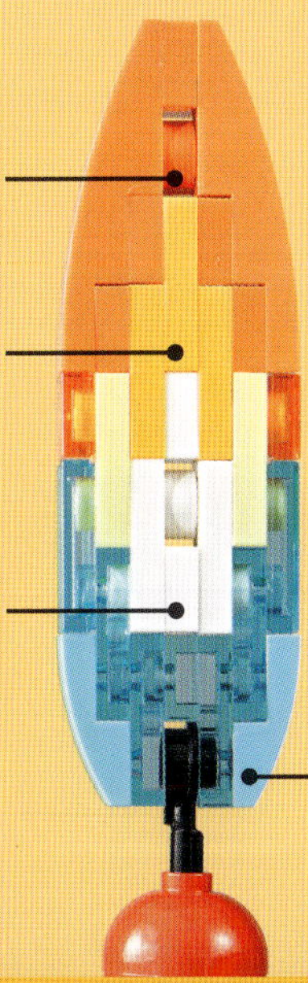

Rot ist relativ kühl, aber anfassen kann man es nicht!

Weiter weg vom Docht wird es kühler.

Weiß ist sehr heiß, aber nicht so heiß wie Blau.

Der heißeste Teil der Flamme ist blau.

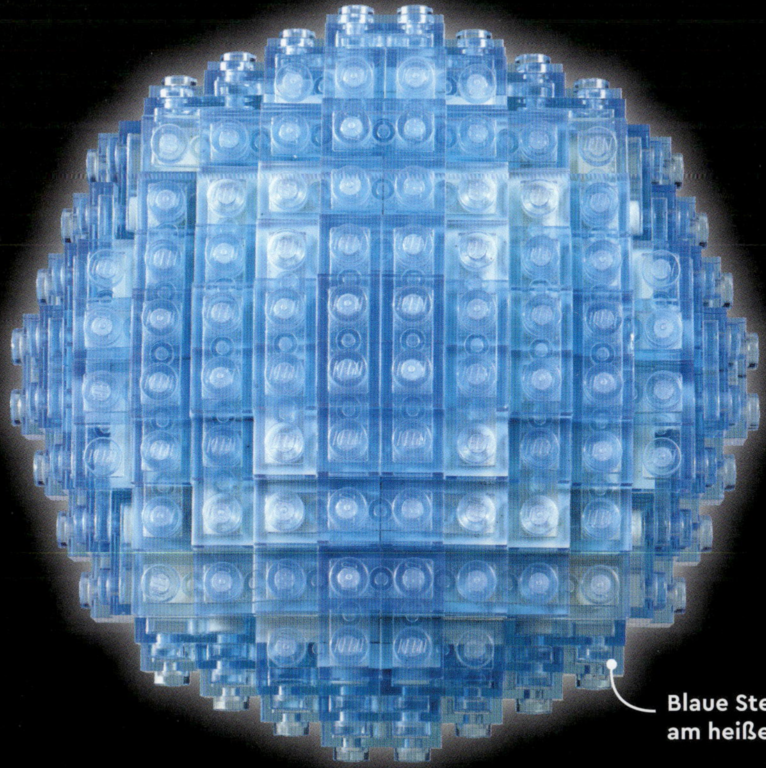

Blaue Sterne sind am heißesten.

Rigel

Alte Sterne dehnen sich aus und werden rot.

Beteigeuze

## Helles Strahlen

Von der Erde aus erscheinen uns einige Sterne sehr hell und andere nicht. Die Lichtmenge, die ein Stern abgibt, nennen wir Leuchtkraft, aber seine Helligkeit richtet sich danach, wie viel von seinem Licht die Erde erreicht. Einige sehr leuchtstarke Sterne erscheinen uns weniger hell, weil sie sehr weit entfernt sind. Dagegen sehen Sterne, die näher sind, hell aus, obwohl sie weniger Leuchtkraft besitzen.

**Echt jetzt?!**
Etwa **73 %** aller Sterne in der Milchstraße sind Rote Zwerge.

# Wieso funkeln Sterne?

Wenn du die Sterne von der Erde aus betrachtest, scheint es, als ob sie funkeln oder flimmern. Das liegt daran, dass wir durch die Erdatmosphäre blicken und die Luft darin ständig in Bewegung ist. Licht, das durch Luft wandert, wird verzerrt. Weltraumteleskope dagegen befinden sich oberhalb der Atmosphäre, daher erhalten sie klare Bilder.

## Schon gewusst?

Ein Lichtstein in **LEGO® DUPLO 3-in-1 Spaceshuttle für viele Abenteuer (Set 10422)** lässt den Stern funkeln! Mit dem Set können schon junge Modellbauer etwas über den Weltraum lernen.

## Stern-Umlaufbahnen

Die meisten Sterne umkreisen das Zentrum ihrer Galaxie – so, wie Planeten um Sterne kreisen. Da die Galaxien so riesig sind, dauert ein einziger Umlauf oft viele Millionen Jahre.

Die beste Zeit sind wolkenlose Nächte.

Offene, unbeleuchtete Flächen eignen sich gut zur Sternbeobachtung.

## BAU LOS!

Hier wurden Sterne auf Lampensteine gesetzt. Du kannst die Sterne auch weglassen und von hinten mit einer Taschenlampe durch die Lampensteine leuchten, um dein Modell zum Funkeln zu bringen.

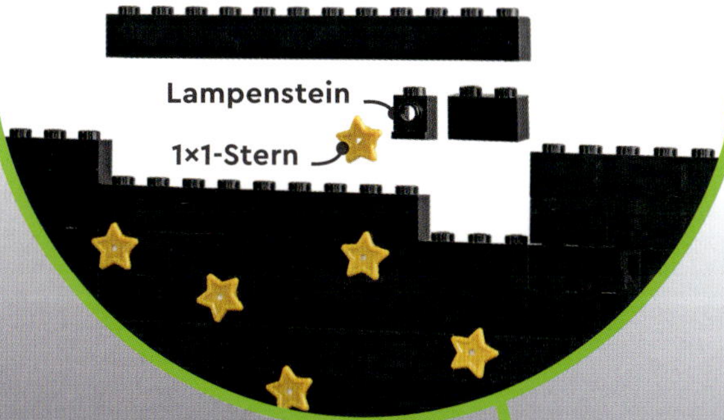


## Sie tanzen im Kreis

Viele Sterne umkreisen sich gegenseitig. Zwei Sterne bilden ein Doppelsternsystem. Auch größere Gruppen sind nicht ungewöhnlich, oft gibt es drei oder vier Sterne in einem System.

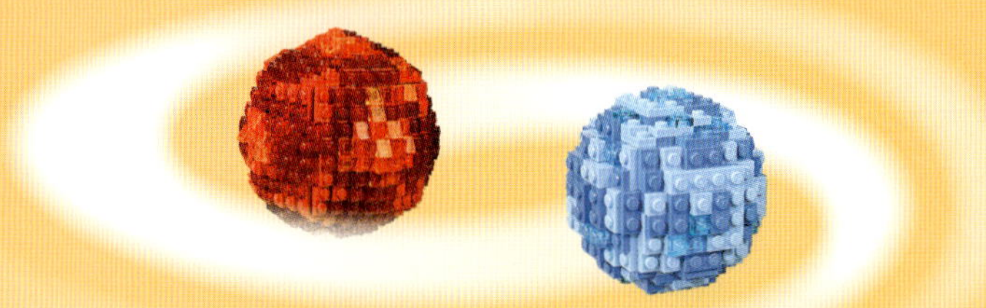

Mit dem Teleskop siehst du sogar noch mehr Sterne.

**WOW!**

Du kannst Planeten von Sternen unterscheiden, weil sie nicht so stark **flimmern** wie die Sterne.

## Sternenfunkeln

Forschende wissen nicht genau, wie viele Sterne es im Universum gibt. Allein in unserer Galaxie sind es wohl 250 Mrd., und es gibt viele Hundert Milliarden Galaxien, die wir im beobachtbaren Universum sehen können. Jede davon umfasst ebenfalls einige Hundert Milliarden Sterne! Zusammen sind das EINE GANZE MENGE Sterne!

**Echt jetzt?!**

Im Sternsystem Castor kreisen sogar **sechs Sterne** umeinander.

# Was passiert um ein Schwarzes Loch herum?

In einem Schwarzen Loch ist die Schwerkraft so stark, dass nichts schnell genug ist, um wieder herauszukommen. Bevor etwas in ein Schwarzes Loch fällt, wird es von der immensen Schwerkraft zerquetscht. Manchmal kreist das hineinfallende Material zuerst in einem Wirbel um das Loch und gibt dabei sehr viel Licht ab. Der Punkt, von dem es kein Zurück mehr gibt, heißt Ereignishorizont.

Die Akkretionsscheibe besteht aus Material, das ins Loch gezogen wird.

## Riesige Masse

Masse gibt an, wie viel Materie ein Objekt enthält. Volumen gibt an, wie viel Raum es einnimmt. Schwarze Löcher haben extrem viel Masse auf winzigem Raum. Je dichter die Masse gepackt ist, desto stärker ist die Schwerkraft.

**Echt jetzt?!**
Im Zentrum der Milchstraße liegt ein **supermassives Schwarzes Loch** namens Sagittarius A*.

## Du liebe Zeit!

Je näher man einem Schwarzen Loch kommt, desto langsamer vergeht aus Sicht der Erde die Zeit. Dir käme alles normal vor, aber für jemanden, der dich beobachtet, würdest du dich wie in Zeitlupe bewegen!

**WOW!**
Forschende sagten **jahrzehntelang** voraus, dass es Schwarze Löcher geben müsse, bevor sie tatsächlich entdeckt wurden.

Alles, was den Ereignis-horizont überschreitet, kommt nie wieder heraus!

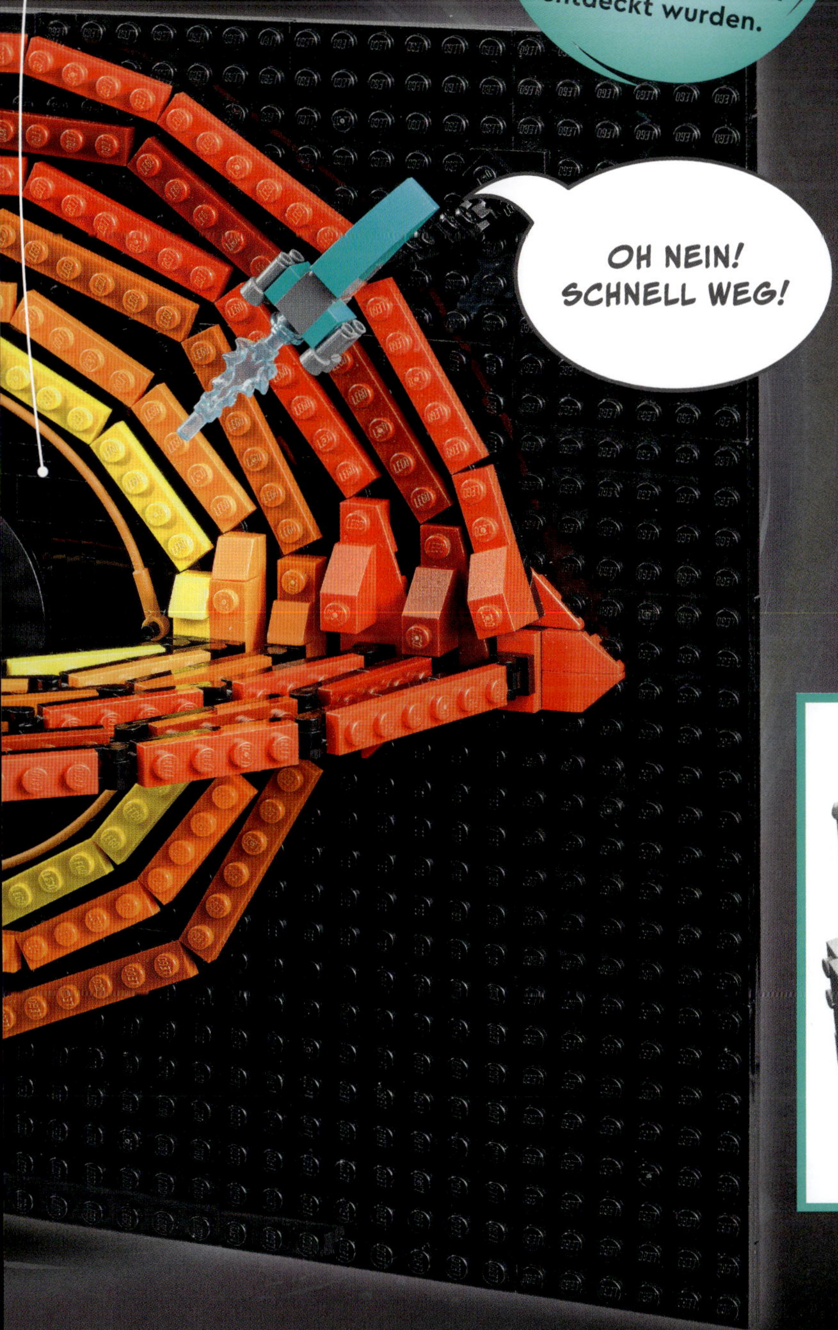

## Wurmlöcher

Wurmlöcher nennt man Tunnel, die zwei verschiedene Orte oder Zeit-ebenen im Universum verbinden. Wir wissen noch nicht, ob diese Abkürzungen wirklich existieren, aber einige Forschende glauben, dass sie in Schwarzen Löchern sein könnten.

### Schon gewusst?

Im Lauf der Zeit gab es viele Minifigur-Astronauten, aber in der **LEGO® Minifiguren Serie 24 (Set 71037-3)** gibt es erstmals einen Astronauten mit braunem Raumanzug – und das erste **Weltraum-Baby**!

# Wo ist der nächste Exoplanet?

Exoplaneten sind Planeten, die nicht um unsere Sonne kreisen. Einige umkreisen andere Sterne, andere haben ihren Stern verloren und kreisen allein um das Zentrum ihrer Galaxie. Es gibt verschiedene Arten von Exoplaneten. Manche sind größer als Jupiter, andere klein und aus Gestein wie die Erde. Der nächste bekannte Exoplanet ist ein erdgroßer Planet namens Proxima Centauri b.

**WOW!**
Einige erdähnliche Exoplaneten sind ihrem Stern so nahe, dass ihre Oberfläche **heiß** und **geschmolzen** ist.

## Alpha Centauri

Die Sonne von Proxima Centauri b heißt Proxima Centauri und ist Teil des Sternsystems Alpha Centauri. Zu diesem Sternsystem gehören die zwei Sterne Alpha Centauri A und Alpha Centauri B, die unserer Sonne ähnlich sind und sehr eng umeinander kreisen, sowie der kleine Rote Zwerg Proxima Centauri, der beide umkreist. Wir wissen, dass Proxima Centauri von mindestens zwei Planeten umkreist wird, aber die Forschenden sind noch nicht sicher, ob Alpha Centauri A und Alpha Centauri B auch Planeten haben.

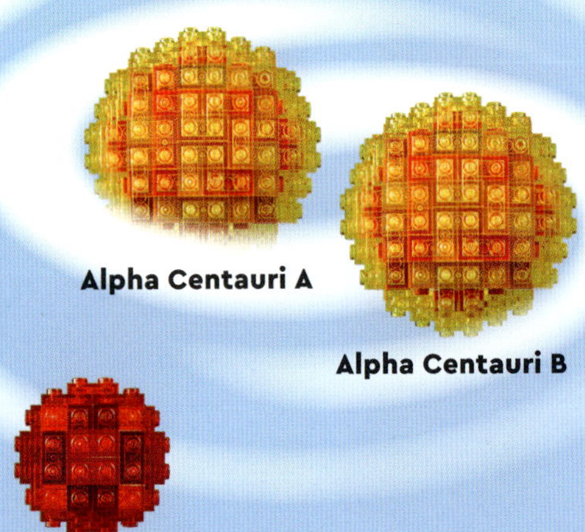

Alpha Centauri A

Alpha Centauri B

Proxima Centauri

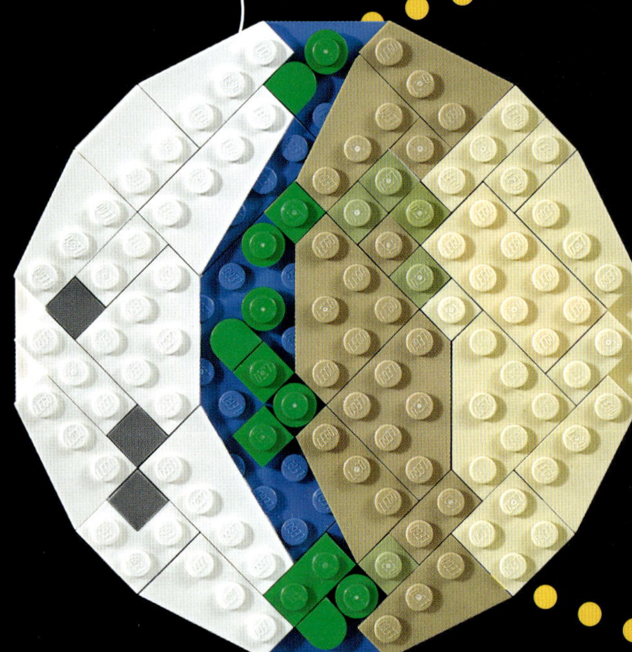

Die dem Stern abgewandte Seite ist immer kalt.

Proxima Centauri b

## Proxima Centauri b

Proxima Centauri b ist ähnlich groß wie die Erde, aber er kreist so dicht um seinen Stern Proxima Centauri, dass seine Bahn gebunden ist und er dem Stern immer dieselbe Seite zuwendet. Auf einer Seite ist also immer Tag und auf der anderen Nacht.

# In weiter Ferne

Im Vergleich zu Sternen sind Planeten winzig! Da Exoplaneten so viel kleiner als ihre Sterne und außerdem so weit von unserem Sonnensystem entfernt sind, sind sie sehr schwer zu erkennen. Proxima Centauri b ist etwas mehr als 4 Lichtjahre weit weg, das sind beinahe 40 Billionen Kilometer.

## Schon gewusst?

Proxima Centauri gehört zum Sternbild Zentaur, das so heißt, weil es einem Sagenwesen ähnlich sieht, das halb Mensch, halb Pferd ist. Die **Zentaurin** tritt in der **LEGO® Minifiguren Serie 21 (Set 71029)** auf.

**Echt jetzt?!**

Forschende haben schon mehr als **5000** Exoplaneten entdeckt!

**Proxima Centauri**

# Könnten wir Aliens eine Botschaft schicken?

Wir wissen nicht, ob es außerirdisches Leben gibt, von intelligenten Zivilisationen ganz zu schweigen. SETI ist die Abkürzung für „Search for Extraterrestrial Intelligence" und bezeichnet die Suche nach intelligenten Lebewesen. Forschende arbeiten daran, ihnen vielleicht sogar eine Nachricht zu schicken.

**Echt jetzt?!** Seit etwa **1950** wird überlegt, ob wir Funksignale von Aliens empfangen könnten.

## Ist da jemand?

Radiowellen sind eine unsichtbare Form des Lichts oder der elektromagnetischen Strahlung. Mit Radioteleskopen können wir Objekte wie Sterne oder Galaxien beobachten. Forschende hoffen, dass wir damit auch intelligente Zivilisationen finden, wenn sie Radiowellen nutzen. Das Arecibo-Teleskop zum Beispiel war bis 2020 in Betrieb.

## Schon gewusst?

Über Radiowellen kannst du auch mit LEGO® Sets in Verbindung treten! Ferngesteuerte Fahrzeuge wie der **LEGO® City Güterzug (Set 60336)** haben einen Empfänger an Bord, der die Funkbefehle des Handsteuergeräts empfängt.

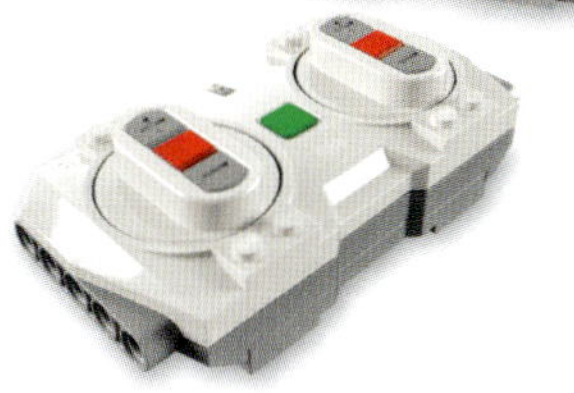

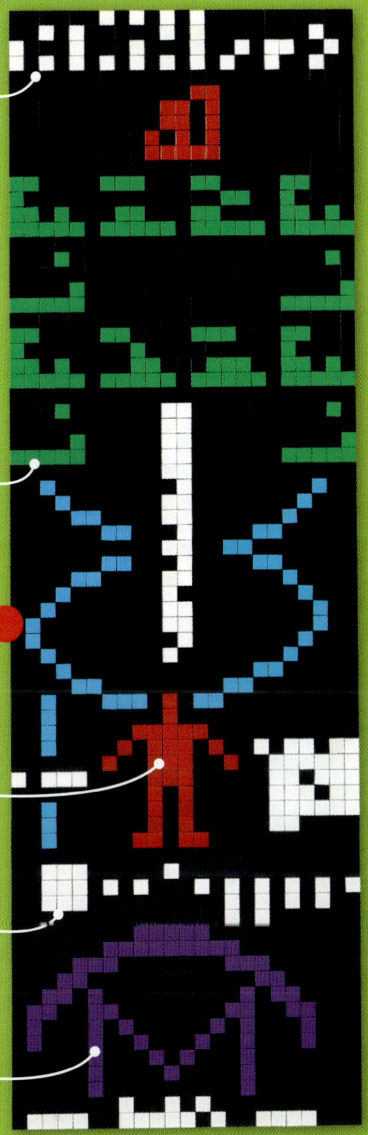


## BAU LOS!

**Hier wird die Arecibo-Botschaft aus glatten Kacheln als Mosaik nachgebaut. Das flache Modell kombiniert mehrere Grundplatten. Es ist 23 Noppen breit und 73 Noppen lang.**

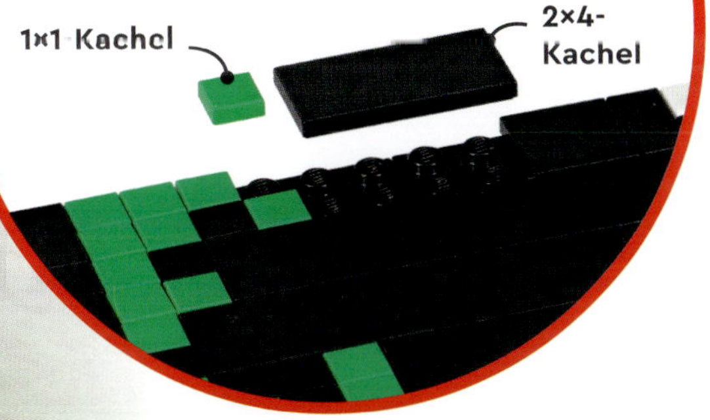

## Arecibo-Botschaft

Die Arecibo-Botschaft war eine von mehreren Funknachrichten, die Forschende ins All schickten – in der Hoffnung, dass intelligente Wesen sie empfangen und antworten werden. Sie enthält Informationen über uns Menschen und die Position der Erde im Sonnensystem.

## Chart-Spitzenreiter

Die Sonden *Voyager 1* und *Voyager 2* starteten 1977. Beide haben eine goldene Schallplatte mit Bildern und Tonaufnahmen aus dem Alltag, Musik und einem Gruß in mehreren Sprachen, um Außerirdischen einen Eindruck von unserem Leben zu geben. Auch Bilder von Menschen und eine Karte der Position der Erde sind darauf.

**WOW!**

Die Arecibo-Botschaft wurde in Richtung des Sternhaufens M13 gesendet, der rund **21 000** Lichtjahre entfernt ist.

**Stell dir vor!**

Was könnten **Aliens** uns Erdenbewohnern sagen wollen? Baue eine Botschaft aus Bildern.

# Welche Form hat die Milchstraße?

Unsere Galaxie heißt Milchstraße. Von der Erde sieht sie wie ein etwas verschwommenes Band aus Sternen aus, das sich über den Himmel erstreckt. Könnten wir sie aber aus dem All sehen, wäre sie eine helle Scheibe mit zwei großen Spiralarmen, die aus dem Zentrum entspringen. Die Milchstraße besteht aus vielen hundert Milliarden Sternen, Gas- und Staubwolken sowie Milliarden von Planeten.

**Schon gewusst?**

**LEGO® Icons Entdeckerraumschiff (Set 10497)** ist die moderne Version eines LEGO® Weltraum-Sets von 1979. Vorn können vier Minifigur-Astronautinnen sitzen, hinten haben ein Mondauto und ein Roboter Platz.

## Vielfältige Formen

Galaxien sind riesige Ansammlungen von Sternen, die von der Schwerkraft zusammengehalten werden. Alle Sterne kreisen um ihr Zentrum, so wie Planeten um einen Stern kreisen. Einige, wie die Milchstraße, sind spiralförmig, andere elliptisch. Galaxien, die weder spiralförmig noch elliptisch sind, nennt man irregulär oder unregelmäßig.

## Galaxien-Kollision

Die größte Nachbargalaxie der Milchstraße ist die Andromeda-Galaxie. Andromeda und die Milchstraße ziehen einander an, sodass sie in etwa vier Milliarden Jahren zu einer noch größeren Galaxie verschmelzen werden!

**WOW!**
Das Licht braucht **100 000 Jahre**, um die Milchstraße einmal zu durchqueren. So groß ist sie!

## Geburt eines Sterns

In den „Kinderstuben" der Galaxien entstehen neue Sterne. Sie liegen meist in den Spiralarmen, und zwar dort, wo es viel Gas und Staub von bereits explodierten Sternen gibt.

**Echt jetzt?!**
Im beobachtbaren Universum gibt es **viele Hundert Milliarden** Galaxien!

**BAU LOS!**

Dieses Mosaik besteht aus neun Abschnitten, die nur an wenigen Stellen verbunden sind, sodass du es nach und nach bauen kannst. Jeder Abschnitt ist ein Quadrat aus 16 Noppen mit nur drei oder vier überhängenden Platten.

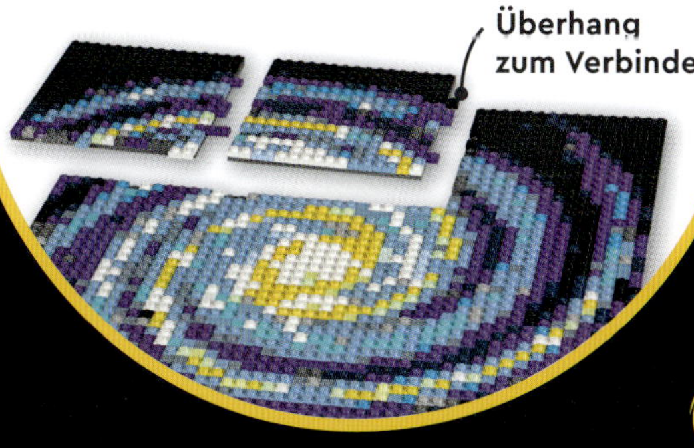

# Weltraumforschung

Jedes Jahr starten neue Weltraummissionen, um weitere Gebiete des Universums zu erkunden. Rover rollen durch Wüsten auf dem Mars und riesige Teleskope blicken bis in die Zeit der Galaxienentstehung zurück. Wir erfahren immer mehr, weil wir mit neuen Technologien weiter und klarer sehen als je zuvor. Doch es gibt noch genug zu entdecken!

# Wo beginnt der Weltraum?

Über unseren Köpfen liegt eine viele Kilometer dicke Luftschicht, die Atmosphäre. Die Erde hält sie mit ihrer Schwerkraft fest. Je höher man kommt, desto dünner wird die Atmosphäre, aber zwischen ihr und dem Weltall liegt keine klare Grenze. Die Erdatmosphäre wird in fünf Schichteneingeteilt. Wir leben in der untersten, der Troposphäre.

**Echt jetzt?!** Eine dünne **Ozonschicht** in der Stratosphäre schützt uns vor schädlicher Strahlung aus dem Weltraum.

## Kármán-Linie

Die Kármán-Linie gilt häufig als offizielle Grenze zum Weltraum. Sie liegt 100 km über dem Meeresspiegel. Jedes Fluggerät, das höher fliegt, wird als Raumfahrzeug betrachtet.

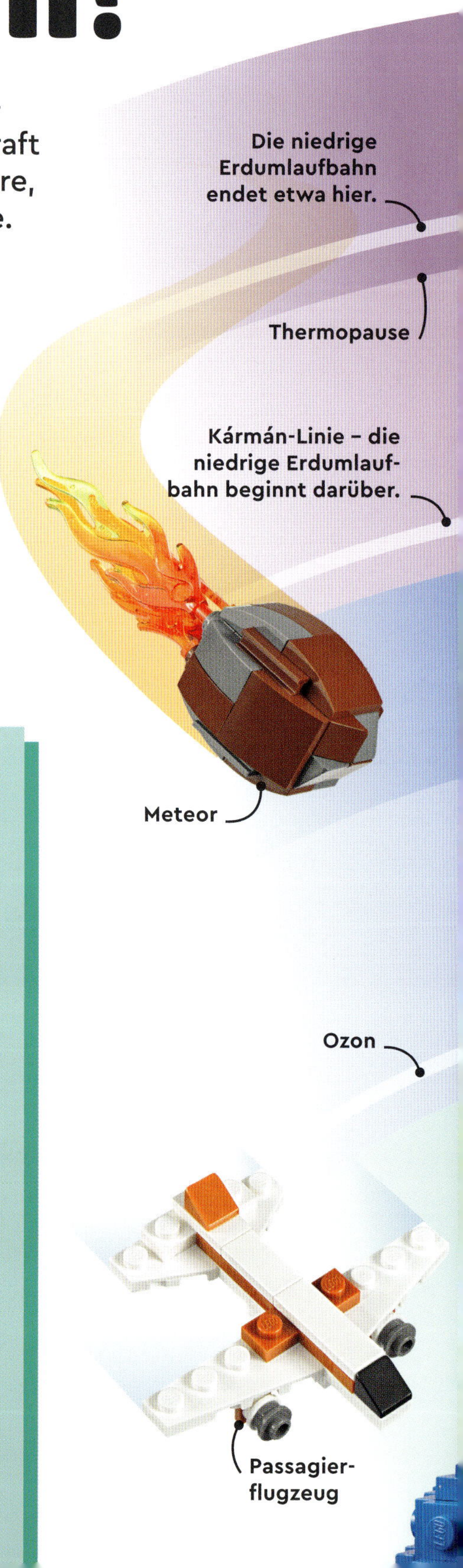

## Lichterscheinungen

Polarlichter sind wunderschöne Lichterscheinungen am Himmel. Sie entstehen, wenn Teilchen von der Sonne auf die Atmosphäre treffen und sie zum Leuchten bringen. Ihr Name kommt daher, dass sie in der Regel am häufigsten in der Umgebung von Nord- und Südpol auftreten.

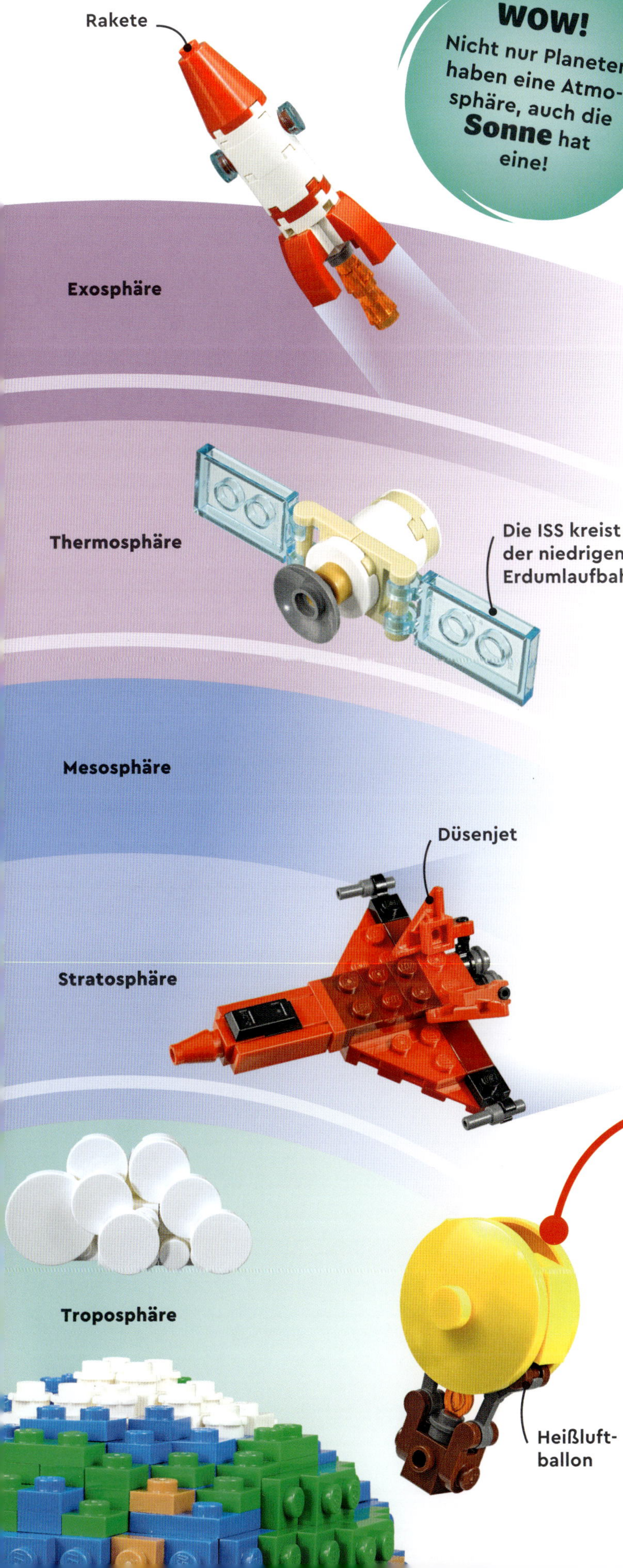


**WOW!**
Nicht nur Planeten haben eine Atmosphäre, auch die **Sonne** hat eine!

**Schon gewusst?**

**LEGO® Ideas Internationale Raumstation (Set 21321)** ist bereits die zweite LEGO® Version der ISS. Zu ihr gehören auch zwei Astronauten-Mikrofiguren und ein Spaceshuttle im Mikromaßstab.

## Niedrige Bahn

Satelliten, die in geringem Abstand zur Erde kreisen – etwa zwischen 160 und 2000 km Höhe – fliegen in einer „niedrigen Erdumlaufbahn" (Englisch: „Low Earth Orbit", LEO). LEO ist so dicht über der Erde, dass die Satelliten dort Reibung mit Luftteilchen erfahren.

**BAU LOS!**

**Das Ballon-Modell ist von vorn und hinten rund, von der Seite aber flach. Dies ist eine tolle Methode zum Bau von Bildern, die später nur von einer Seite aus betrachtet werden sollen.**

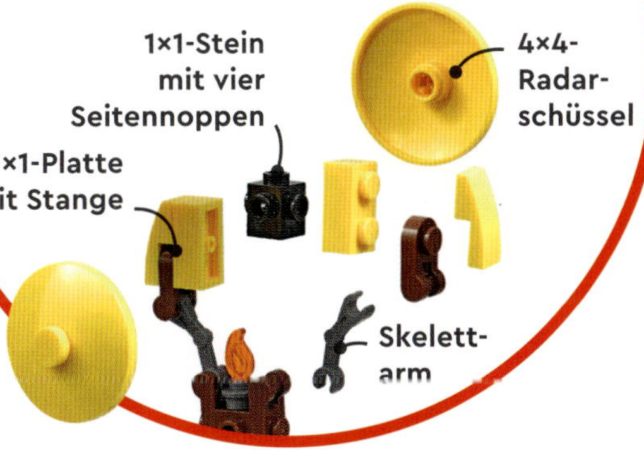

# Wohin führten die ersten Raummissionen?

Der Satellit *Sputnik 1* war das erste Raumfahrzeug, das erfolgreich eine Erdumlaufbahn erreichte. *Sputnik 1* startete am 4. Oktober 1957 in der Sowjetunion und war drei Wochen in Betrieb. Der Start markiert den Beginn des Weltraumzeitalters, in dem Forschung und Technik große Fortschritte machten.

***Wostok 1***

**BAU LOS!**

**Dieses Modell besteht fast nur aus runden Teilen! Die kugelförmige Kabine ist ein Globus und der hintere Teil ist ein runder Stein, der häufig für Droiden verwendet wird.**

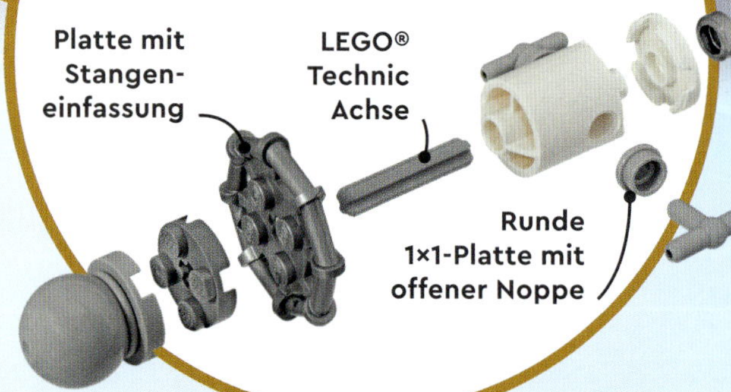


## Ziel: der Weltraum

Der erste Mensch im Weltraum war der russische Kosmonaut Juri Gagarin am 12. April 1961 in seinem Raumfahrzeug *Wostok 1*. Der erste US-amerikanische Astronaut, Alan Shepard, startete einen Monat später ins All.

## Ziel: der Mond

*Apollo 11* war die erste Mission, bei der Menschen auf einem anderen Himmelskörper landeten. Am 21. Juli 1969 betraten Neil Armstrong und Buzz Aldrin den Mond. Sie machten Fotos und brachten Mondgesteinsproben mit zur Erde.

*Sputnik 1*

**WOW!**
Die ersten Tiere, die ins All geschickt wurden, waren **Fruchtfliegen** im Februar 1947!

### Schon gewusst?

Die ersten Astronauten auf dem LEGO Mond waren aus Steinen gebaute Figuren im Set **Mondlandung (Set 367)**. Es kam im Jahr 1975 heraus – nur sechs Jahre nach der echten ersten Mondlandung!

## Ziel: die Sonne

Die Sonde *Parker Solar Probe* ist das erste Raumfahrzeug, das die Sonne berührte! Am 28. April 2021 flog die unbemannte Sonde durch die Korona, die obere Atmosphäre der Sonne, und nahm Proben von ihr mit.

# Wie startet eine Rakete?

Raketen können die enorme Schwerkraft der Erde überwinden. Um in die Erdumlaufbahn zu gelangen, muss die Rakete schneller aufsteigen, als die Schwerkraft sie zu Boden zieht. Dazu verbrennt sie Treibstoff und lässt sich von dem Schub der ausströmenden Explosionsabgase aufwärts tragen.

## Hoch hinaus!

Dass der Schub eine Rakete hochheben kann, wissen wir aufgrund eines physikalischen Gesetzes, das der Engländer Isaac Newton im 17. Jh. entdeckte. Newtons drittes Bewegungsgesetz besagt, dass jede Kraft eine gleich große Gegenkraft hervorruft. Wenn an der Unterseite die Abgase herausströmen, muss die Rakete aufwärts schießen.

**Schon gewusst?**

Diese **LEGO® Minifiguren** sind echte Raketenfans! Der **Pyrotechniker (Set 71021-5)** sorgt für tolle Knalleffekte und der **Raketenjunge (Set 71018-13)** träumt vom Weltraum.

## Wiederverwendbare Stufen

Eine Rakete braucht viel Treibstoff, um den Erdorbit zu erreichen! Da Treibstoff auch Gewicht hat, wird er auf mehrere Stufen verteilt. Sobald eine Stufe ihren Treibstoff verbraucht hat, wird sie abgeworfen, sodass der Rest der Rakete leichter wird. Bei modernen Raketen sind die unteren Stufen heute meist wiederverwendbar, damit nicht für jeden Start eine völlig neue Rakete gebaut werden muss.

**WOW!**
Der Spaceshuttle war das erste **wieder-verwendbare** Raumfahrzeug.

## Saturn-V

Die *Saturn-V* war die Rakete, mit der die NASA ab 1967 alle *Apollo*-Mondmissionen startete und auch die erste Weltraumstation *Skylab*. Um die Astronauten von der Erde weg und in die Mondumlaufbahn zu bringen, musste die *Saturn-V* riesig sein – sie war über 110 m groß!

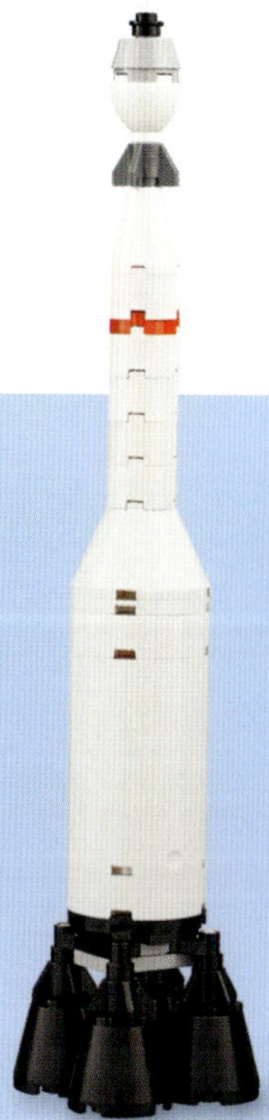

**BAU LOS!**

Die größte Komponente der Rakete ist der Treibstofftank aus runden 4×4-Steinen und -Platten. Der Shuttle und die Booster-Raketen werden mit LEGO Technic Halbpins daran befestigt.

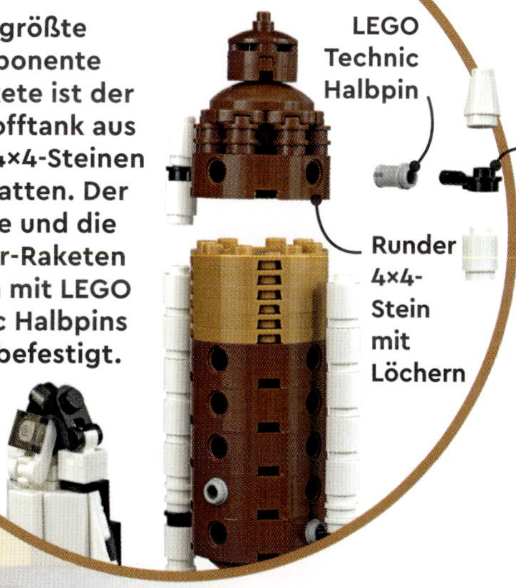


**Echt jetzt?!**
Raketen wurden schon vor mehr als **800 Jahren** in China erfunden. Aber erst nach 1950 wurden sie für Starts ins All verwendet.

# Wie gewinnt man im All Energie?

Raumfahrzeuge brauchen Strom für ihre Computer und Ausrüstungsteile. Im All kann man die Geräte aber nicht einfach an eine Steckdose in der Wand anschließen. Die Energieversorgung muss sichergestellt sein und unabhängig funktionieren. Die meisten Raumfahrzeuge nutzen Solarmodule, wie die Sonde *Lucy*, die Asteroiden untersucht, aber einige erzeugen auch Strom mit kleinen Kernkraftwerken.

## Volle Power!

Elektrizität ist eine Art von Energie, die entsteht, wenn sich Elektronen (winzige Teilchen) durch Stoffe bewegen. Elektrizität kann in andere Energieformen wie Wärme, Bewegung oder Licht umgewandelt werden.

Jedes Modul ist etwa 7 m breit.

*Lucys* Solarmodule sehen aus wie ein riesiger Ventilator.

**WOW!** Die Solarmodule der ISS würden fast einen halben **Fußballplatz** bedecken!

## Solarenergie

Raumfahrzeuge im Sonnensystem nutzen die Sonnenenergie auf die gleiche Weise wie Solaranlagen auf einem Haus. Je größer die Module, desto mehr Elektrizität können sie erzeugen.

### Schon gewusst?

Die Blätter und Blüten von Pflanzen sind natürliche Solarmodule, denn sie wandeln Licht in Energie um. Der **LEGO® Icons Wildblumenstrauß (Set 10313)** hat acht Blumenarten mit vielfältigen Blütenformen.

# Weit draußen im All

Einige Raumsonden sind so weit von der Sonne entfernt, dass sie zu wenig Licht erhalten, um Solarenergie zu erzeugen. Sie verwenden stattdessen kleine Mengen von radioaktivem Material wie Plutonium. Die Wärme, die es ausstrahlt, treibt eine sogenannte Radionuklidbatterie an, die Elektrizität erzeugt.

## BAU LOS!

Die blütenförmig angeordneten Solarmodule sind aus acht gleichen Abschnitten, die von einer Platte mit Stangeneinfassung ausgehen. Sie werden mit Stangen an der Modellbasis gestützt.

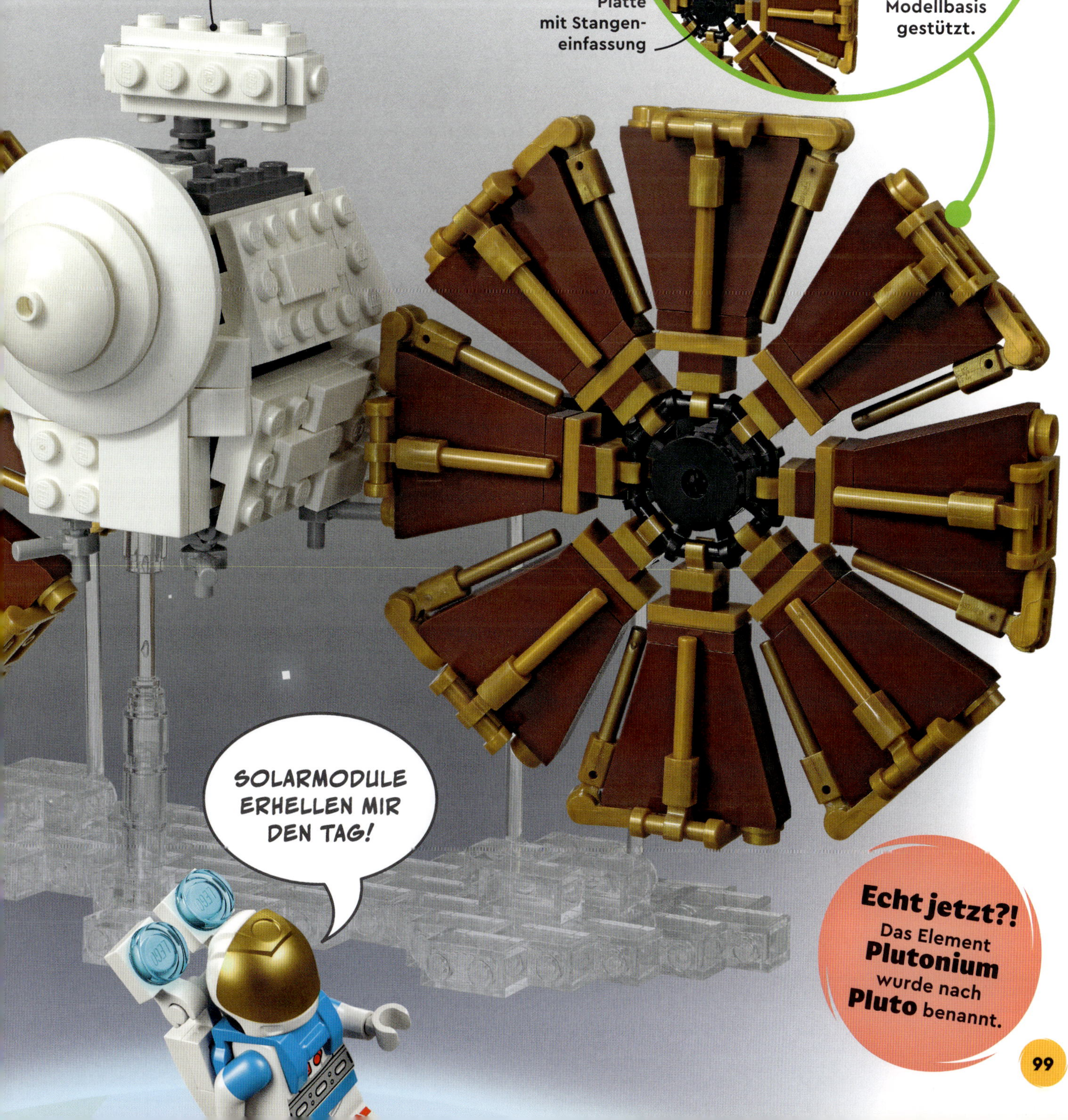


**Echt jetzt?!**
Das Element **Plutonium** wurde nach **Pluto** benannt.

# Was ist Mission Control?

Weltraummissionen brauchen Hilfe von Fachleuten auf der Erde. „Mission Control" ist eine Gruppe von Wissenschaftlerinnen und Ingenieuren, die den Astronauten und Robotern sagen, wohin sie steuern und was sie im Notfall tun sollen. Das Team überwacht alle Informationen über die Ereignisse bei den Missionen und kann so die richtigen Entscheidungen treffen.

### Schon gewusst?

Wenn Olivia und ihre Freunde in **LEGO® Friends Olivias Raumfahrt-Akademie (Set 41713)** ins All starten, ist das Kontrollzentrum in der obersten Etage. Es gibt auch einen Unterrichtsraum und ein Observatorium.

## Kontrollzentrum

Im Kontrollzentrum auf der Erde werden Raumflüge überwacht und gesteuert. In modernen Raumschiffen sind viele Dinge automatisiert, damit sich die Astronauten auf ihre Experimente und andere Aufgaben konzentrieren können. Aber wenn nötig, können sie das Raumschiff auch selbst bedienen und lenken.

**Das Cockpit eines Raumfahrzeugs hat viele Bildschirme, Schalter und Steuergeräte.**

## Kurskorrektur

Im Weltraum bewegen sich Raumfahrzeuge immer in eine Richtung weiter. Wenn sie die Richtung ändern müssen, werden kleine Schubraketen gezündet.

### BAU LOS!

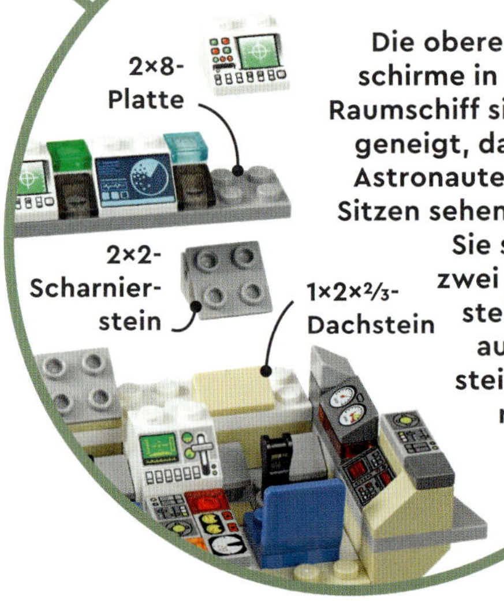


**Die oberen Bildschirme in diesem Raumschiff sind etwas geneigt, damit die Astronauten sie im Sitzen sehen können. Sie sitzen auf zwei Scharniersteinen, die auf Dachsteinkacheln ruhen.**

**Echt jetzt?!**

Ein Flugdirektor **leitet** das Mission-Control-Team. Im Notfall hat er das letzte Wort und trifft die Entscheidungen.

## Deep Space Network

Bei den riesigen Entfernungen ist es oft schwer, den Funkkontakt zu den Raumfahrzeugen aufrechtzuerhalten. Das Deep Space Network (DSN) ist ein Netz riesiger Radioantennen auf der ganzen Erde, das sicherstellt, dass immer eine auf das Raumfahrzeug ausgerichtet ist.

**WOW!**

Das Deep Space Network empfing im Jahr 1969 die **ersten Bilder** der Menschen auf dem Mond.

# Wie funktioniert ein Raumanzug?

Im Weltraum ist alles anders als auf der Erde. Raumanzüge liefern Atemluft und halten Temperatur und Druck aufrecht. Wenn Astronauten außerhalb der Raumfahrzeuge im Weltraum arbeiten, brauchen sie immer einen solchen Anzug, der sie mit allem versorgt, was ihr Körper benötigt.

**WOW!**
Im Jahr **1965** wurde zum ersten Mal ein Raumanzug außerhalb eines Raumfahrzeugs eingesetzt.

### Schon gewusst?

**LEGO® Creator Astronaut im Weltraum (Set 31152)** ist ein aufstellbares Modell eines Forschenden beim Weltraumspaziergang aus 647 Teilen. Du kannst es zu einem Raumschiff oder einem Hund im Raumanzug umbauen!

## Extreme Umwelt

Raumanzüge müssen Menschen vor extremer Kälte und Hitze schützen. Die Tagseite des Monds, die zur Sonne zeigt, kann einige Hundert Grad heiß werden. Auf der dunklen Nachtseite liegt die Temperatur dagegen bei einigen Hundert Grad unter Null.

## Atmen im All

Menschen und andere Tiere brauchen Luft zum Atmen. Luft enthält viele Gase, aber Sauerstoff ist besonders wichtig. Ohne ihn können wir nicht leben! Daher müssen alle Astronautinnen und Astronauten immer einen Sauerstofftank dabei haben.

## BAU LOS!

Für die beweglichen Arme werden Klemme-Stange-Verbindungen verwendet. Vergiss nicht den Rucksack mit dem Lebenserhaltungssystem!

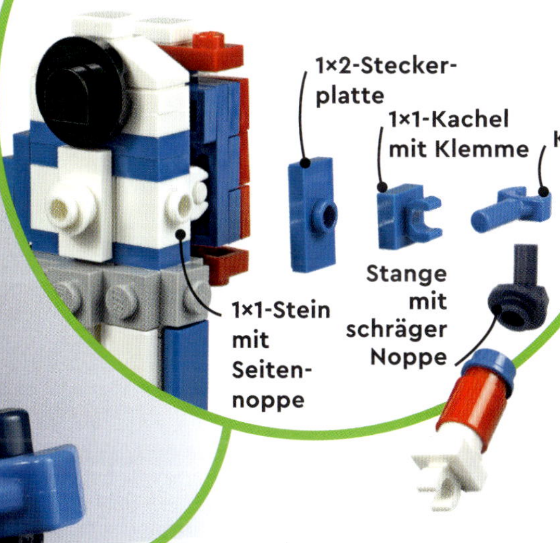


**Echt jetzt?!** Ein Raumanzug kostet mehrere **Millionen Euro.**

## Unter Druck

Wir spüren es zwar normalerweise nicht, aber auch Luft hat ein Gewicht. Sie presst von allen Seiten auf unseren Körper und der drückt dagegen. Im luftleeren Weltraum brauchen Astronauten daher mit Druckluft gefüllte Anzüge, damit ihr Körper den gewohnten Druck erfährt.

**Stell dir vor!** Wie sollte dein **Raumanzug** aussehen? Entwerfe einen für dich, dein Haustier oder auch ein Alien!

# Wie landeten die Menschen auf dem Mond?

**BAU LOS!**

**Ein beeindruckendes Modell muss nicht unbedingt viele Teile haben. Dieses Mondlandemodul im Mikromaßstab besteht aus nur 11 Teilen.**

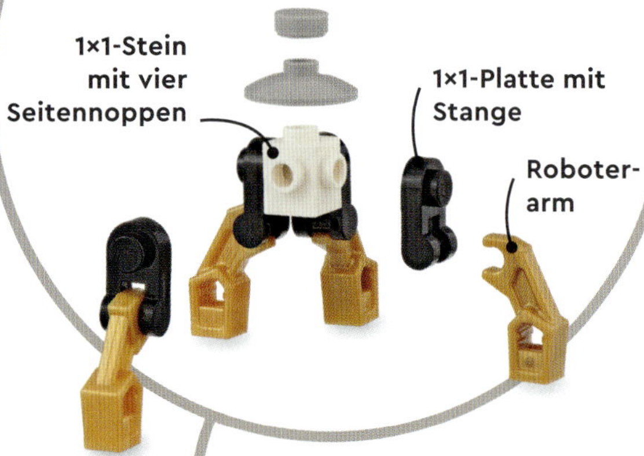

## Mondlandefähre

Jede Mission hatte eine Mondlandefähre, mit der die Menschen auf dem Mond landeten und wieder starteten. Sie wurde gemeinsam mit den Astronauten an Bord der *Saturn-V*-Rakete von der Erde ins All geschossen.

Zwischen 1969 und 1972 landeten mit dem *Apollo*-Programm der NASA 12 Astronauten auf dem Mond. Am 21. Juli 1969 betrat Neil Armstrong als erster Mensch den Mond, und zwar auf der Mondebene „Meer der Ruhe". Jede Mission startete mit einer *Saturn-V*-Rakete von der Erde und landete die Astronauten mit einer Fähre auf dem Mond. Sie hatten stets viel Forschungsausrüstung dabei. Drei Missionen nahmen sogar ein Mondfahrzeug mit.

**Schon gewusst?**

**LEGO® Creator NASA Apollo 11 Mondlandefähre (Set 10266)** ist eine Nachbildung des ersten bemannten Raumfahrzeugs, das auf dem Mond landete – mit Minifigur-Astronauten und einer aus Steinen gebauten Mondoberfläche.

## Nach Hause kommen

Die Rückkehr zur Erde gehört zu den schwierigsten Abschnitten eines Raumflugs. Beim Sinkflug durch die Atmosphäre reibt die Luft so stark am Raumfahrzeug, dass es sehr heiß wird – es glüht wie eine Sternschnuppe! Außerdem muss es stark genug bremsen können, um langsam und sicher zu landen.

## Mond-Schwerkraft

Auf dem Mond ist die Schwerkraft viel geringer als auf der Erde, weil er viel kleiner ist. So können Menschen dort viel höher springen. Im All können sie sogar einfach schweben!

**Echt jetzt?!**
Zwischen dem ersten Flug eines Flugzeugs und der ersten Mondlandung vergingen nur **66 Jahre**!

Antennenschüssel zum Versenden der TV-Signale zur Erde.

Die Farbfernsehkamera filmte den Start der Landefähre vom Mond.

Zwei große Batterien lieferten die Energie.

Stark haftende Reifen aus einem Stahldrahtgeflecht

**WOW!**
Auf dem Mond kann es im direkten Sonnenlicht bis zu **121 °C** heiß werden.

# Wie leben Menschen im All?

Astronautinnen und Astronauten leben in Weltraumstationen, speziell gebauten Satelliten in der Erdumlaufbahn. Sie halten die Ausrüstung in der Station funktionsfähig und führen viele Experimente durch. In einer Station muss dafür gesorgt sein, dass die Forschenden alles Überlebensnotwendige haben, etwa die richtige Temperatur, genügend Atemluft und Räume, wo sie schlafen, essen und Sport treiben können.

### Schon gewusst?

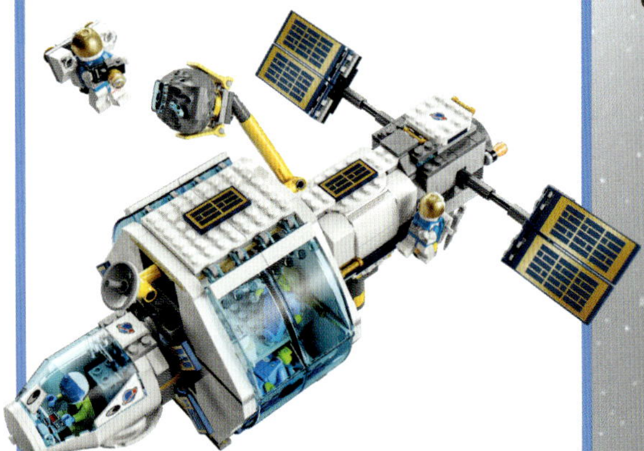

Die **LEGO® City Mond-Raumstation (Set 60349)** beruht auf Plänen der NASA für den Bau einer Raumstation in der Mondumlaufbahn.

**Echt jetzt?!**
Die erste Raumstation war **Saljut 1**. Sie wurde 1971 von der Sowjetunion ins All geschossen.

## Essen im All

Das Essen für die Menschen muss von der Erde gebracht werden. Da man im All kein Feuer machen darf, müssen die Mahlzeiten kalt verzehrt oder im Mikrowellenherd aufgewärmt werden.

## BAU LOS!

Das Raumstation-Modell hat an einem Ende größere runde Steine als am anderen. In der Mitte bilden Steine mit Seitennoppen Verbindungspunkte für die beiden Solarmodul-Gestelle.

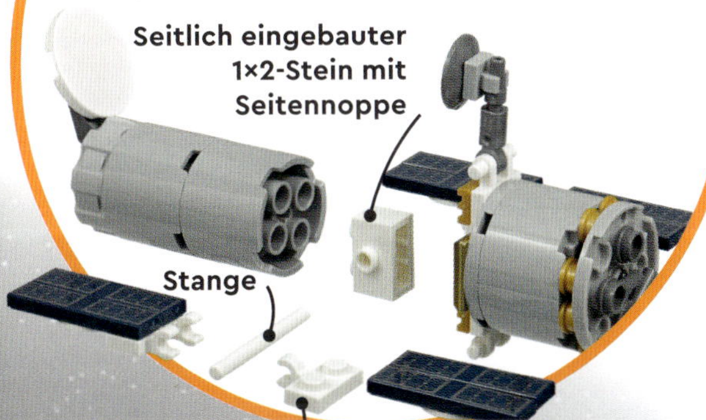

## Weltraumspaziergang

Manchmal müssen Astronauten außerhalb der Raumstation arbeiten. Dann tragen sie Raumanzüge mit Sauerstofftanks zum Atmen und hängen an einer Leine, damit sie nicht davonschweben.

**WOW!**
Die **ISS** (Internationale Raumstation) ist etwa so groß wie ein Fußballfeld.

## Andocken

Wenn die Besatzung ausgetauscht wird, muss ein Raumfahrzeug von der Erde an der Station andocken. Sobald beide Raumfahrzeuge sicher verbunden sind, können die Insassen hin und her wechseln.

# Wie hilft uns die Raumforschung auf der Erde?

Menschen haben schon immer gerne geforscht. Wir lieben das Abenteuer und das Unbekannte! Die Weltraumforschung hat aber auch viele praktische Anwendungen: Wir erfahren mehr über die Erde und können sie so besser schützen. Satelliten helfen uns, unseren Planeten zu beobachten und über weite Entfernungen zu kommunizieren.

**Echt jetzt?!** Der erste Wettersatellit hieß **TIROS-1**. Er wurde 1960 gestartet.

## Stürmisches Wetter

Satelliten beobachten die Erde Tag und Nacht von oben. Meteorologen (Wetterforschende) untersuchen anhand der Daten Hurrikane und andere Wettersysteme und können die Menschen frühzeitig warnen.

# Nach Hause telefonieren

Satelliten sorgen dafür, dass auch abgelegene Gebiete Internet- und Telefondienste haben, bei denen das sonst kaum möglich wäre. Heute kreisen Tausende Kommunikationssatelliten in der Erdumlaufbahn.

## BAU LOS!

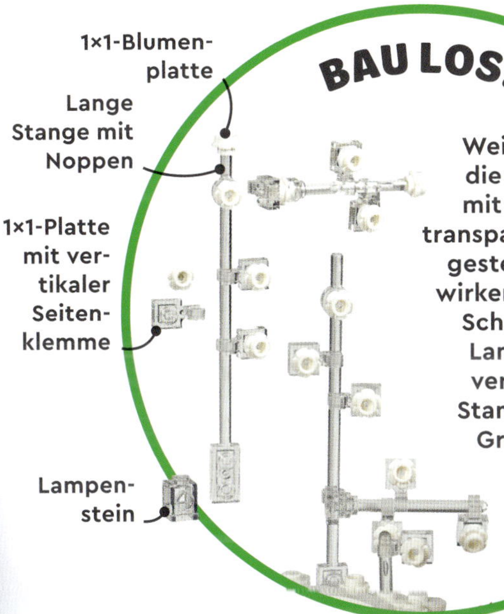


Weiße Blumen, die auf Platten mit Klemme an transparente Stangen gesteckt werden, wirken wie fallende Schneeflocken. Lampensteine verbinden die Stangen mit der Grundplatte.

Daten von der Erde und aus dem Weltraum helfen, unseren Planeten besser zu verstehen.

## Schon gewusst?

Die Forschungen der NASA zur Stoßdämpfung helfen auch bei der Entwicklung künstlicher Körperteile. Die erste LEGO City Minifigur mit einer Prothese gibt es im **LEGO® City Supermarkt (Set 60347)**.

## Hightech aus dem All

Viele Geräte, die wir heute täglich nutzen, wurden für die Weltraumforschung erfunden, zum Beispiel Fitness-Tracker, Infrarotthermometer und Laptops!

**WOW!** Drahtlose **Headsets** wurden für Astronauten auf dem Mond erfunden.

# Was ist Weltraum-Schrott?

Alte Satelliten und kaputte Teile von Raumfahrzeugen nennt man Weltraumschrott. Es schweben viele Überreste von früheren Missionen in der Erdumlaufbahn. Da sie mit Raumfahrzeugen zusammenstoßen oder zur Erde stürzen könnten, sind sie gefährlich.

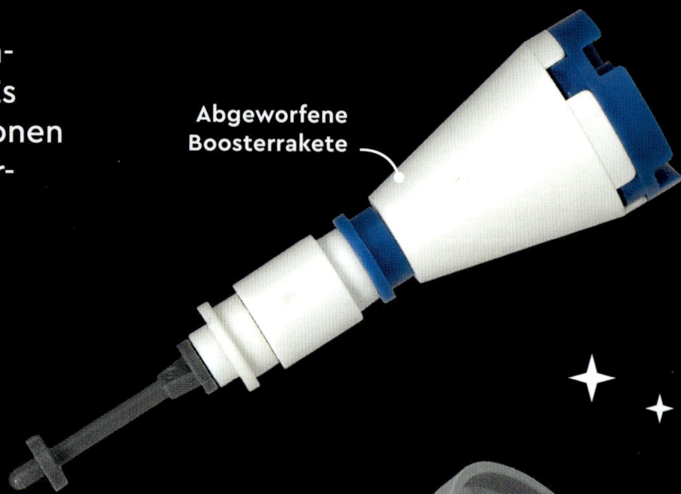

Abgeworfene Boosterrakete

## Ausgedient

Satelliten, deren Mission beendet ist, werden oft in eine höhere Umlaufbahn voller ausgedienter Satelliten geschossen: den „Friedhofsorbit". Die Satelliten werden zwar irgendwann zur Erde stürzen, aber das wird erst in Hunderten von Jahren passieren.

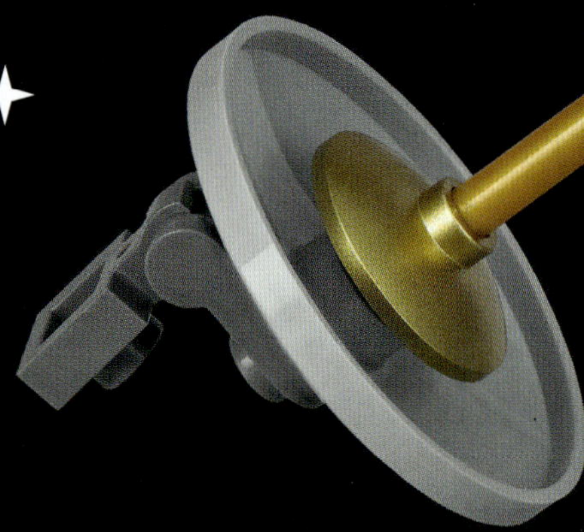

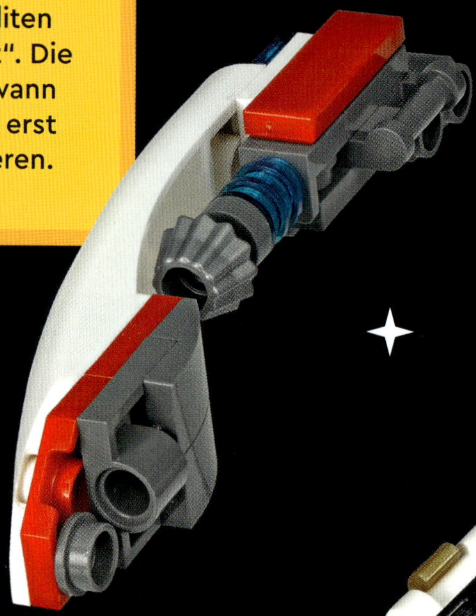

**WOW!**
Weltraumschrott **verglüht** oft wie ein Meteor und schlägt nicht auf dem Erdboden auf.

## Bruchlandung

*Skylab* war die erste Raumstation der NASA. Am Ende ihrer Mission stürzte sie im Jahr 1979 auf die Erde. Niemand wurde verletzt, aber einige Teile fielen in bewohnten Gebieten Australiens zu Boden. Danach suchte man Wege, wie die Teile nach beendeten Missionen verglühen, statt irgendwo auf der Erde einzuschlagen.

## Schon gewusst?

Der diebische **LEGO® Außerirdische (Set 71029-11)** hat einen gestohlenen Kristall und eine Brechstange. Er freut sich sicher über etwas Weltraumschrott, um ihn zu Geld zu machen. Aber was würde er sich dafür im All kaufen?

**Echt jetzt?!** Wir wissen von mehr als **26 500** Schrott-Teilen im Weltraum.

## Wer hilft aufräumen?

Ingenieurinnen und Wissenschaftler arbeiten daran, den Weltraumschrott zu beseitigen. Mit Teleskopen kann man die Teile aufspüren und mit riesigen, an Raumschiffen befestigten Netzen einsammeln. Oder wir beschießen sie mit Lasern, damit sie in der Atmosphäre verglühen.

# Blick in die Zukunft

Was hält die Zukunft der Weltraumforschung wohl für uns Menschen bereit? Werden wir ganze Planeten umformen und riesige Raumstationen bauen? Reisen wir zu fernen Sternen und ergründen die letzten Rätsel des Universums? Bestimmt erfinden wir bald etwas, das wir uns nie erträumt hätten. Das Abenteuer geht gerade erst los!

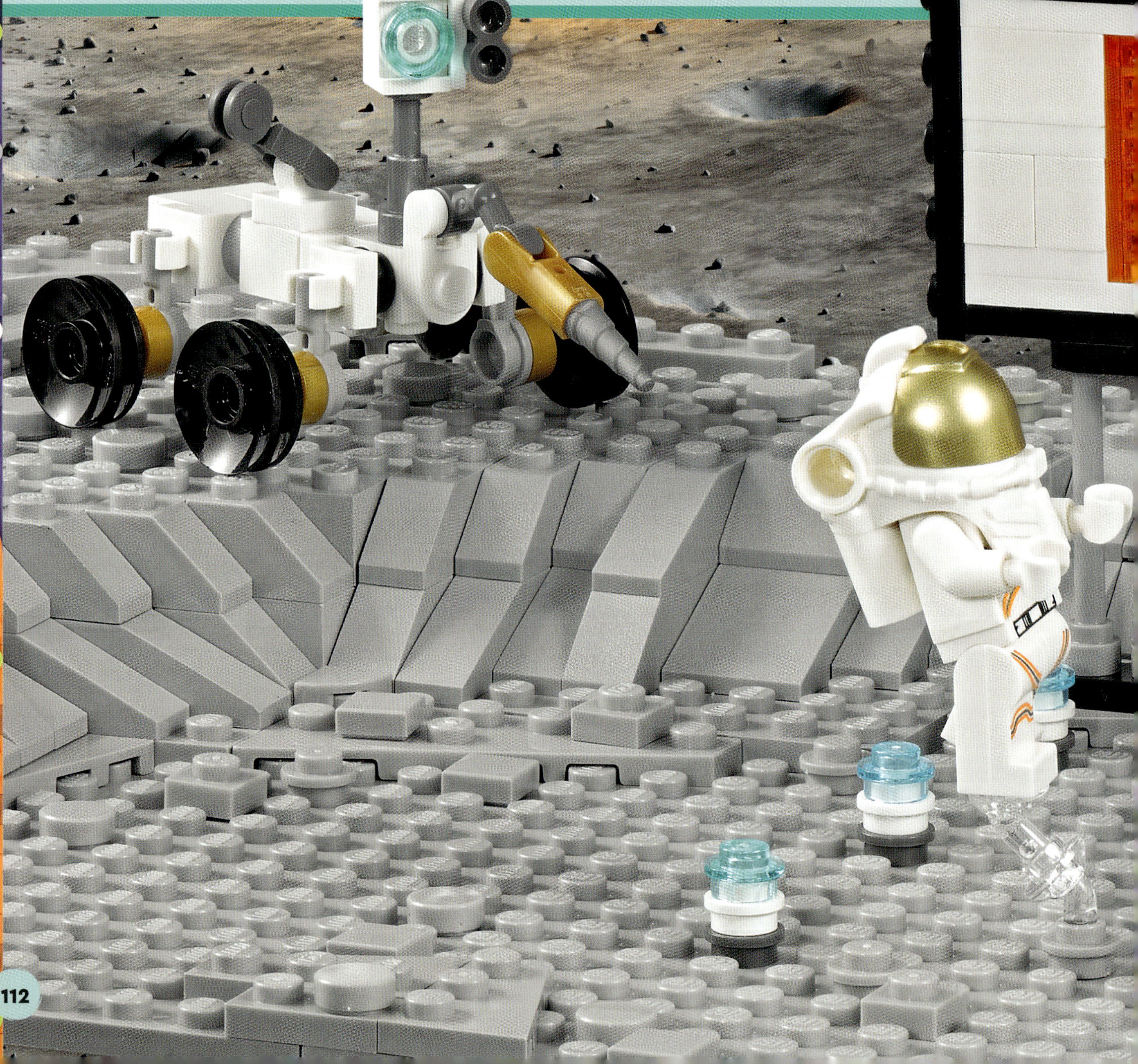

# Kann man im All Urlaub machen?

Vielleicht sind Weltraumreisen bald für viele Menschen erschwinglich! Stell dir vor, wie es wäre, auf dem Mond umherzufahren, in der Mikrogravitation zu spielen oder hoch über der Atmosphäre auf die wunderschöne blaue Erde hinunterzuschauen! Wie fühlt es sich wohl an, in der geringen Schwerkraft des Monds Basketball oder Volleyball zu spielen?

## Höhenflug

Private Weltraumunternehmen wie Blue Origin und Virgin Galactic bieten schon jetzt suborbitale Flüge an. Dabei fliegen die Passagiere hoch in die Atmosphäre bis ins Weltall. Allerdings gelangen sie nicht in eine Umlaufbahn um die Erde, sondern kehren nach wenigen Minuten wieder zum Boden zurück.

### Schon gewusst?

Ein Schulausflug ins All, einfach traumhaft! Das ist die perfekte Mission für die Traumjäger Logan, Mateo und Mr. Oz in **LEGO® DREAMZzz™ Der Weltraumbus von Mr. Oz (Set 71460)**!

**Echt jetzt?!** Im Jahr 2001 besuchte der erste Weltraumtourist die **ISS**.

## Zimmer mit Aussicht

Ein Hotel im All wäre eine Raumstation für Gäste in der Erdumlaufbahn. Die Station würde wohl in der niederen Erdumlaufbahn (LEO) kreisen, die der Erde nahe ist. Dort braucht man nur rund 90 Minuten für eine Umkreisung – die Gäste könnten somit jeden Tag 16 Sonnenauf- und -untergänge bewundern!

### BAU LOS!

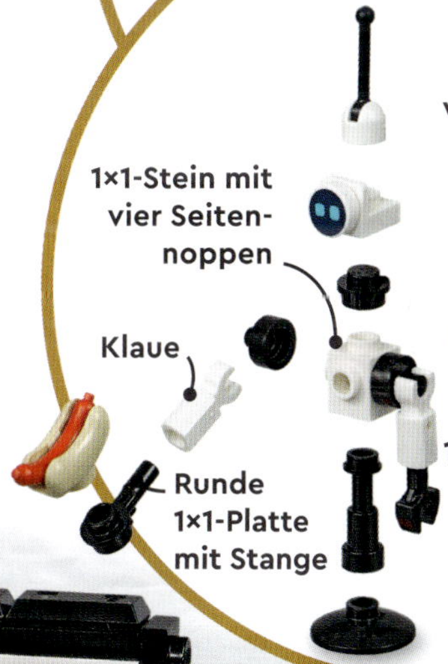


Der Robo-Butler wird um einen Stein mit Seitennoppen herum gebaut. Der Unterkörper ist ein Teleskop auf einer kleinen Radarschüssel und das Gesicht eine bedruckte runde 1×1-Kachel auf einer 1×1-Winkelplatte.

## In der Zukunft

Eines Tages können wir vielleicht sogar andere Planeten im Sonnensystem wie Mars oder Venus besuchen – oder Vesta im Asteroidengürtel. Ingenieurinnen und Wissenschaftler arbeiten an neuen Möglichkeiten, noch tiefer in den Weltraum zu gelangen.

**WOW!** Die jüngste Person im All war erst **18 Jahre** alt.

# Wie sähe wohl eine **Kolonie** auf dem **Mond** aus?

Eine ständige Basis auf dem Mond wäre ein guter Ausgangspunkt zu seiner Erforschung und für weitere Flüge ins All. Spezielle Gebäude müssten die Menschen vor dem niedrigen Druck, der Strahlung und den starken Temperaturschwankungen auf der Mondoberfläche schützen. Kolonisten könnten unter großen Kuppeln oder in tiefen, miteinander verbundenen Tunneln leben.

## Der richtige Ort

Die Kolonie müsste an einem Ort entstehen, wo es viele abbaubare Rohstoffe gibt. Außerdem müsste es dort Krater, ausgetrocknete Lavatunnel oder ähnliche Landschaften geben, in die man hineinbauen könnte.

Mit dem Mond-Buggy kommt man weit herum!

### BAU LOS!

Die Seiten des Mondfahrzeugs sind mit Stangen und Klemmen angebaut. Die Lenksäule ist rund um einen Minifigur-Blaster mit vier Noppen gebaut und steckt auf einer 1×2-Steckerplatte.

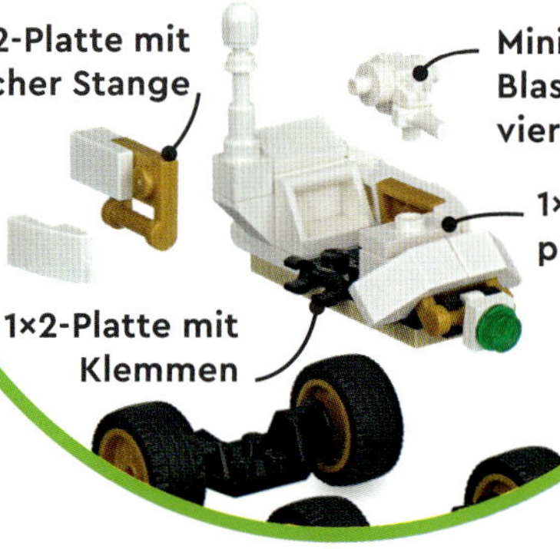

## Schon gewusst?

Die **LEGO® City Mond-Forschungsbasis (Set 60350)** beruht auf dem NASA-Konzept für ein *Artemis*-Basislager, eine Forschungsstation am Südpol des Monds, in der Forschende einmal wochenlang leben und arbeiten können sollen.

**Echt jetzt?!** Forschende fanden **gefrorenes Wasser** auf dem Mond. Das könnte sehr nützlich sein!

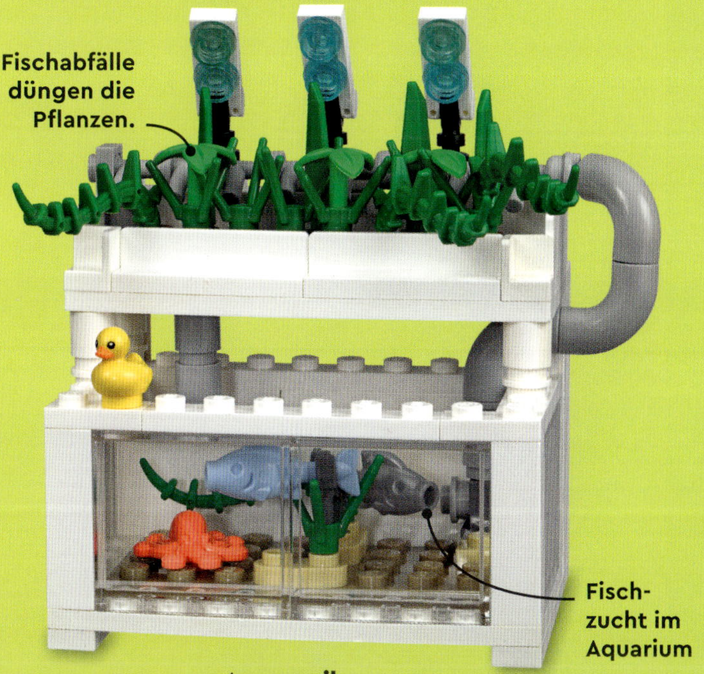


Aquaponik

## Abwechslungsreiche Kost

Da Transporte von der Erde sehr teuer sind, werden zukünftige Kolonisten Pflanzen und Tiere mitnehmen, um auf dem Mond selbst Nahrung zu erzeugen. Sie werden Treibhäuser mit künstlichem Licht brauchen, weil die Nächte auf dem Mond zwei Wochen lang dauern!

## Tolle Aussicht!

Vom Mond aus sieht die Erde wie eine wunderschöne blaue Murmel mit weißen Wolkenwirbeln aus. Sie hat auch Phasen, genau wie der Mond, wenn wir ihn von der Erde aus betrachten. Stell dir vor, du siehst die Erde am Himmel stehen und im Hintergrund funkeln die Sterne!

**WOW!** Aus Mondgestein könnte man **Ziegelsteine** für Häuser herstellen – wie riesige LEGO® Steine.

# Könnten Menschen in riesigen Stationen leben?

In Zukunft bauen die Menschen vielleicht riesige Städte in der Umlaufbahn von fernen Planeten! Dort müssten sie selbst Energie und Nahrung erzeugen. Es müssten Raumschiffe andocken und man müsste mit anderen Stationen kommunizieren können. Um verschiedene Planeten könnte jeweils eine sehr große oder mehrere kleine Stationen kreisen.

**WOW!** Der Aufbau der Internationalen Raumstation (ISS) erforderte mehr als **40 Missionen.**

## Schon gewusst?

Die acht Abschnitte der gigantischen **LEGO® City Modularen Raumstation (Set 60433)** lassen sich vom Mittelring trennen und neu anordnen. Du kannst sie sogar aneinanderreihen wie einen Zug!

## Modul für Modul

Raumstationen lassen sich nicht in einem Stück auf der Erde bauen und ins All starten, dafür sind sie zu groß. Man muss kleine Elemente herstellen und sie einzeln im All zusammenbauen – wie bei der ISS geschehen.

## BAU LOS!

Die Schleusen zwischen den Modulen der Raumstation bestehen aus seitlichen Halbbogen. Oben liegen sie Rücken an Rücken und sind nur über die Stange in den Klemmen verbunden.

## Berufe auf der Station

Damit eine Raumstation funktioniert, müssen dort viele wichtige Aufgaben erledigt werden. Man braucht Ingenieurinnen und Techniker, die sie instand halten, aber auch Landwirtinnen und Biologen, die Nahrung züchten, Lehrer und Bibliothekarinnen, die für Bildung sorgen, sowie Forscher und Abenteurerinnen, die den Geheimnissen des Weltalls weiter auf den Grund gehen.

In Weltraumhotels könnten Touristen und das Stationspersonal wohnen.

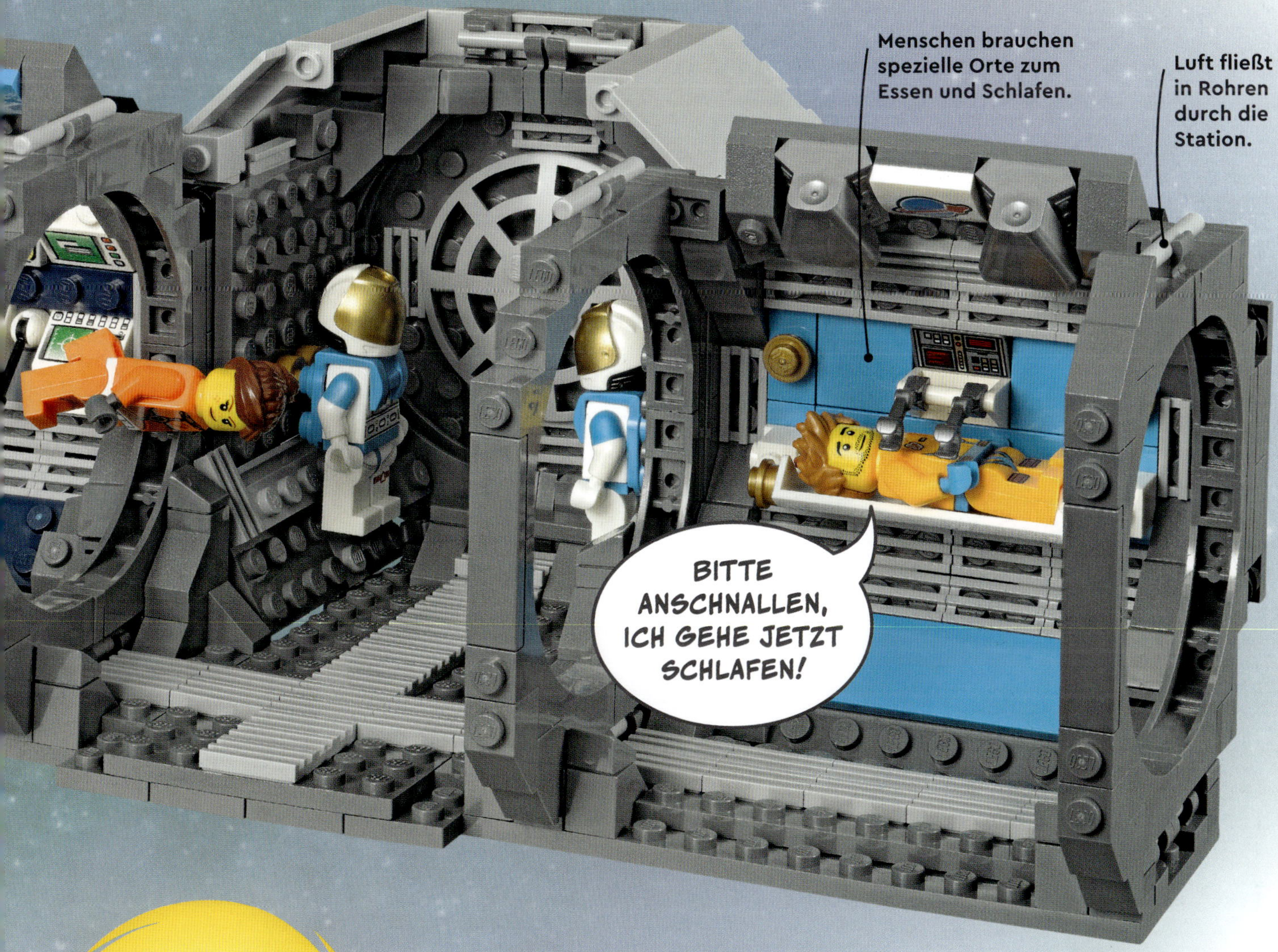


Menschen brauchen spezielle Orte zum Essen und Schlafen.

Luft fließt in Rohren durch die Station.

**Stell dir vor!**
Wie könnte dein **Traum-Zimmer** im All aussehen? Welche coolen Dinge hättest du dort? Baue dir eine kuschelige Koje!

## Dauernde Drehung

Für den Körper ist ein langer Aufenthalt in der Mikrogravitation oder Schwerelosigkeit ungesund. Große Stationen könnten aber durch Drehung Schwerkraft erzeugen. Je schneller die Rotation, desto höher die Schwerkraft.

**Echt jetzt?!**
Der bisher längste Aufenthalt in einer Raumstation dauerte **437 Tage**.

# Könnten wir andere Planeten erdähnlich machen?

Die Veränderung von Planeten nach dem Vorbild der Erde heißt Terraforming. Einige Forschende halten Terraforming auf dem Mars für möglich. Da Mars und Erde sich ähnlich sind, wäre es dort wohl leichter als anderswo. Die Menschen müssten die Marsatmosphäre verdichten, damit es wärmer wird. Wenn sich der Mars erwärmt, würde das Eis an den Polen schmelzen und Seen, Flüsse und Meere bilden.

**BAU LOS!**

Die seltsamen Wesen bestehen aus nur je sechs Teilen, sind aber dennoch einzigartig! Gib jedem von ihnen unterschiedliche Augen und damit einen eigenen Charakter.

Der Marsboden ist rot, weil er Eisen enthält.

**WOW!** Die **Tage** auf dem Mars sind fast **gleich lang** wie auf der Erde!

## Schon gewusst?

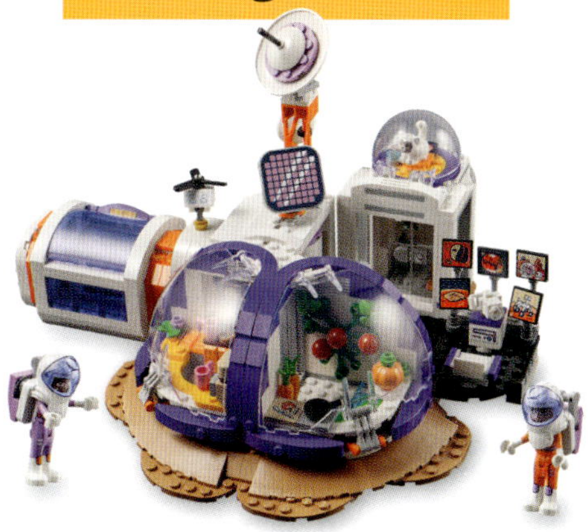

Diese Weltraumfreunde in der **LEGO® Friends Mars-Raumbasis mit Rakete (Set 42605)** züchten Tomaten. Die Pflanzenzucht weit weg von der Erde liefert Forschenden, die sich für Terraforming interessieren, wichtige Daten.

## Cool bleiben

Im Vergleich zur Erde ist die Venus extrem heiß, weil ihre dichte Atmosphäre die Wärme speichert. Für ein Terraforming müssten Forschende Methoden zur Abkühlung erfinden. Man könnte etwa das Sonnenlicht teilweise abschirmen oder Teile der Atmosphäre in riesigen Raumschiffen ins All transportieren.

## Asteroiden

Sogar das Innere von Asteroiden ließe sich erdähnlich gestalten! Man könnte sie aushöhlen und mit Luft, Erde, Wasser und Lebewesen füllen. Wenn man sie in Drehung versetzte, wäre sogar genügend Schwerkraft da.

Pflanzen könnten Sauerstoff zum Atmen herstellen.

Im Wasser könnten Fische und Pflanzen leben.

**Echt jetzt?!** Riesige **Spiegel** im All könnten Sonnenlicht zum Mars lenken, sodass es dort wärmer wird.

## Ein neuer Mond

Der Mond ist viel näher als Mars oder Venus. Um ihn zu „terraformen", müssten die Forschenden zuerst herausfinden, wie man ihm eine Atmosphäre aus atembarer Luft geben könnte.

# Würde ein Aufzug ins All funktionieren?

Ins All zu fliegen ist echt teuer! Für den Start und den Flug durch die Atmosphäre brauchen Raketen sehr viel Treibstoff. Wenn wir günstigere Möglichkeiten erfinden, können wir mehr Missionen losschicken. Eine Idee dazu ist ein riesiger, mit einem Satelliten verbundener Weltraum-Lift, der Fracht und auch Menschen hinauf ins All befördert. Dann müsste man keine Raketen mehr abschießen, sondern einfach einen Knopf drücken.

**Echt jetzt?!**
Für eine Mond-Mission brauchte die *Saturn-V*-Rakete knapp **3,8 Mio. Liter** Treibstoff.

**Schon gewusst?**

**LEGO® Monkie Kids Entdecker-raumschiff (Set 80035)** ist perfekt für Monkie Kids Weltraum-Missionen. In der Rakete ist Platz für Monkie Kid und vier seiner Freunde, einen Jet-Pack-Rucksack und ein Mond-Fahrzeug.

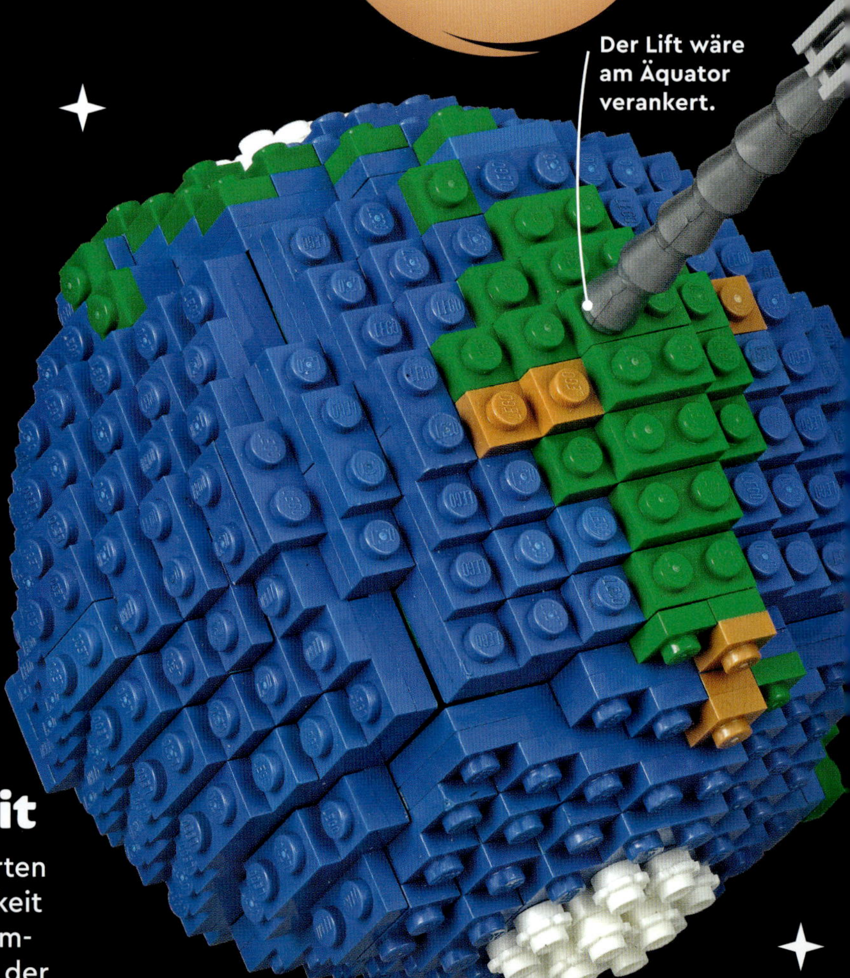

Der Lift wäre am Äquator verankert.

## Fluchtgeschwindigkeit

Wenn du ohne Aufzug von der Erde starten willst, musst du die Fluchtgeschwindigkeit berechnen. Wie schnell muss dein Raumfahrzeug fliegen, damit die Schwerkraft der Erde es nicht wieder zu Boden ziehen kann?

## BAU LOS!

Die acht Arme der spinnenähnlichen Raumstation ragen aus einer Platte mit Stangenkreis. Der Aufzugschacht, der sie mit der Erde verbindet, ist ein Stapel aus silbernen 1×1-Kegeln.

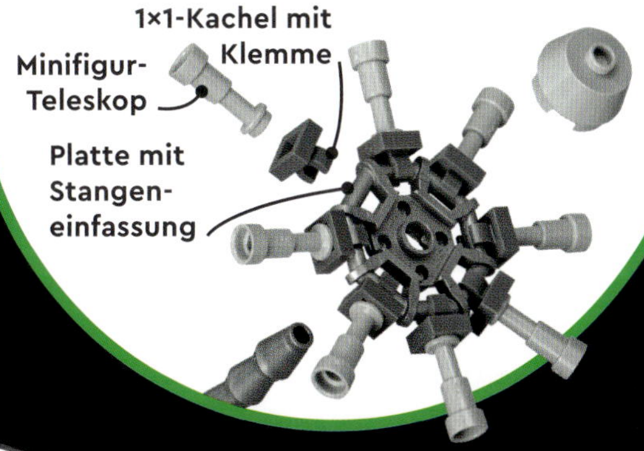

## Geostationärer Orbit

Je näher ein Satellit der Erde ist, desto schneller fliegt er, damit er nicht abstürzt. Je weiter er weg ist, desto langsamer kreist er. Eine geostationäre Umlaufbahn ist so hoch, dass der Satellit in exakt dem Tempo kreist, in dem sich die Erde dreht, sodass er immer über demselben Ort steht. Die obere Station eines Weltraum-Lifts müsste im geostationären Orbit kreisen.

**WOW!**
Der geostationäre Orbit ist in einer Höhe von etwa **35 764 km** über dem Erdboden.

## Gut festhalten!

„Space Tethers" sind eine Idee, um Raumfahrzeuge ins All zu schleudern. Ein langes, reißfestes Seil wird an einem Satelliten in der niederen Erdumlaufbahn befestigt. Es hängt herab in die obere Atmosphäre und schwingt hin und her. Ein Raumfahrzeug könnte sich nach dem Start darin einhaken und den Schwung mitnehmen.

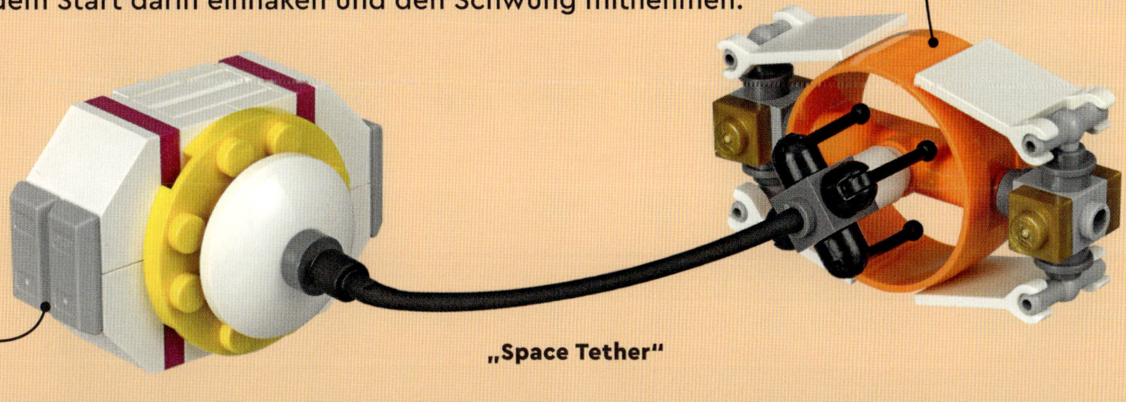

# Wie erreichen wir **andere** Sterne und Planeten?

Die Sterne sind Lichtjahre voneinander entfernt. Um sie und ihre Planeten zu erreichen, müssten wir neue Arten des Raumflugs erfinden. Selbst wenn wir mit beinahe Lichtgeschwindigkeit reisen könnten, würde es viele Jahre dauern. Zukünftige Weltraumreisende müssten daher alles mitnehmen, was sie brauchen.

**Echt jetzt?!**
Wäre die Sonde *Voyager 1* zum nächsten Stern unterwegs, würde sie erst nach über **70 000 Jahren** ankommen!

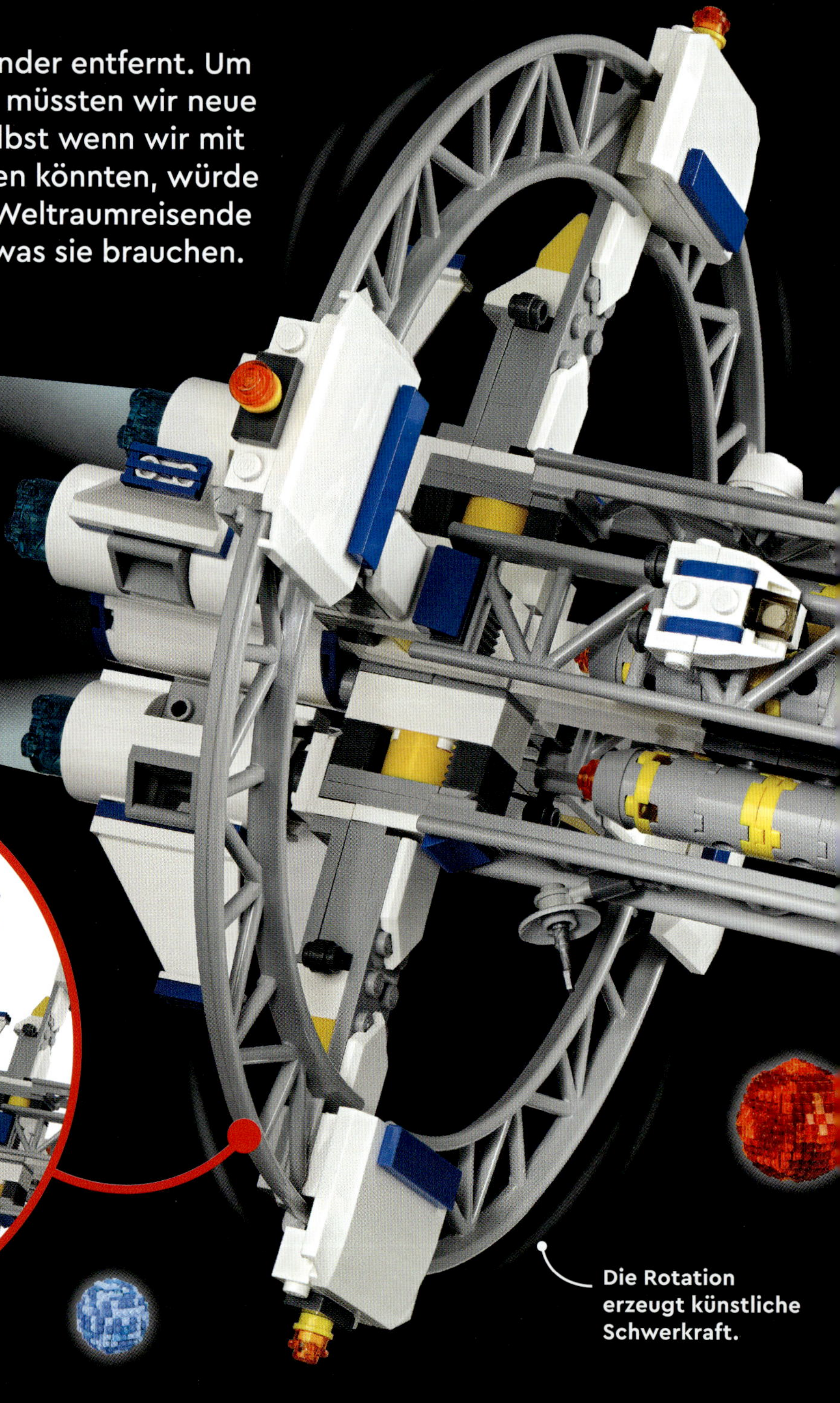


**BAU LOS!**

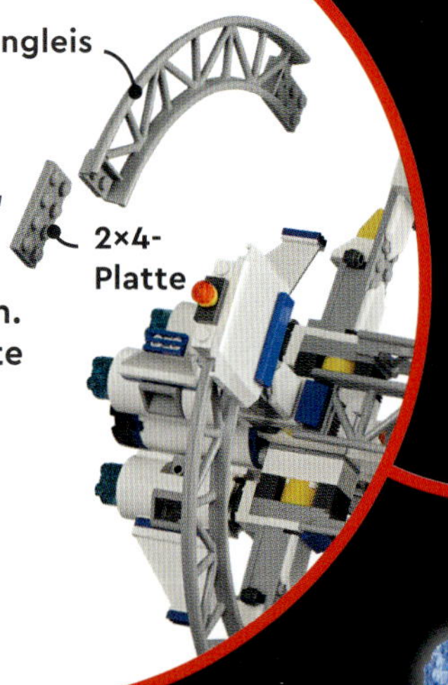


Der Ring, der die künstliche Schwerkraft erzeugt, besteht aus vier gebogenen Achterbahn-Gleisabschnitten. Gerade Gleisabschnitte stützen die Mitte des Rumpfs dieser futuristischen Raumstation.

## Kolonien

Eines Tages könnten Menschen eine Heimat in anderen Welten der Milchstraße finden. Aber erst müssen wir Planeten entdecken, auf denen wir leben können, und dann überlegen, wie wir dorthin gelangen.

### Schon gewusst?

Das **LEGO® City Raumschiff (Set 60430)** ist für die großen Entfernungen zwischen Sternen gebaut. Es muss schneller als Licht fliegen, wenn die Piloten wieder zurückkehren wollen!

## Lichtsegel

Lichtsegel nutzen Sternen- oder Laserlicht auf ähnliche Weise, wie ein Segelboot den Wind nutzt. Raumfahrzeuge werden riesige Segel brauchen, um möglichst viel Licht einfangen zu können und andere Sterne und Planeten zu erreichen.

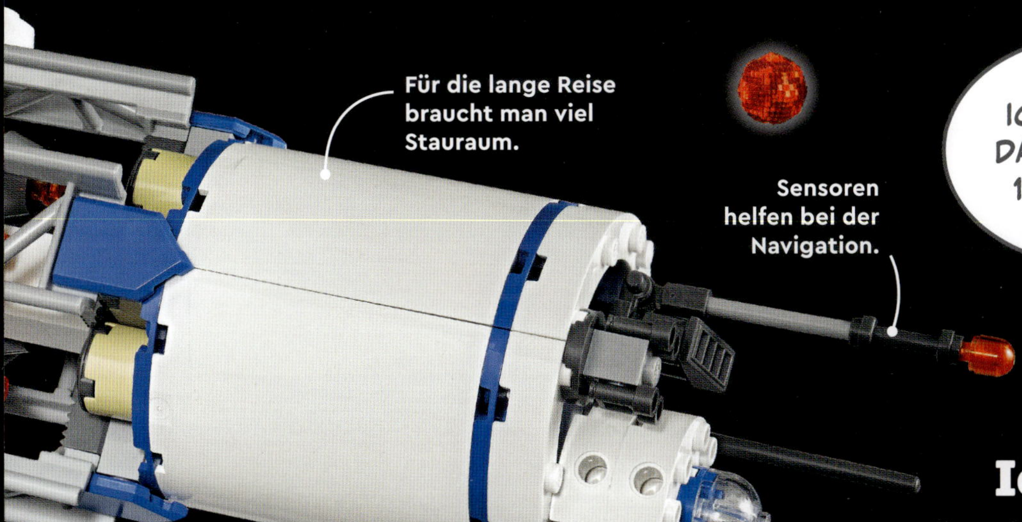

## Ionenantrieb

Für weite Reisen eignen sich Ionentriebwerke sehr gut. Sie stoßen winzige geladene Teilchen aus, um das Raumschiff anzutreiben. Das Triebwerk funktioniert monatelang und kann das Schiff in dieser Zeit auf ein sehr hohes Tempo beschleunigen. Ein solcher Antrieb wurde bereits bei der Mission *Dawn* eingesetzt, die im Jahr 2015 den Zwergplaneten Ceres erreichte.

**WOW!**
Das bisher schnellste Raumfahrzeug war im Jahr 2023 die Sonde *Parker Solar Probe* mit **635 266 km/h**.

# Gibt es ein Multiversum?

Forschende denken viel über die Natur des Universums nach. Sie müssen aber stets Beweise für ihre Annahmen finden. Eine Idee ist das Multiversum, also die Vorstellung, dass es nicht nur eins, sondern viele Universen gibt. Bisher gibt es keine gesicherten Erkenntnisse dazu, deswegen wird weiter geforscht.

## Schon gewusst?

Scheinbar sind selbst einige LEGO Sets Teil eines Multiversums! 1979 spielten die Kinder in Europa mit **LEGO® Space Cruiser And Moonbase (Set 928)**, während genau das gleiche Set in den USA **LEGO® Space Galaxy Explorer (Set 497)** hieß.

## Schwarze Löcher

Einige Forscher vertreten den Gedanken, dass Universen vielleicht in Schwarzen Löchern entstehen. In diesem Fall hat vielleicht jedes Schwarze Loch ein Universum in sich, das selbst Milliarden Schwarze Löcher enthält, und immer so weiter.

## Echt jetzt?!

Allein in unserer Galaxie könnte es **100 Mio.** Schwarze Löcher geben.

## Stell dir vor!

Wie könnten **parallele Universen** aussehen? Baue eine alltägliche irdische Szenerie, aber füge ein paar fremde Elemente ein.

## Strings

Die Stringtheorie versucht, die größten Fragen zum Universum mit der Mathematik zu klären. Ihr zufolge sind die kleinsten Teilchen, aus denen alles besteht, nicht punktförmig, sondern winzige schwingende Saiten (Strings), wie bei einer Gitarre. Dass das wirklich so ist, hat aber bisher noch niemand bewiesen.

**WOW!**

Die Theorie von Paralleluniversen erforscht die Möglichkeit, dass es nahe gelegene Universen gibt, die unserem **sehr ähnlich** sind.

## Das holografische Universum

Einige Forschende meinen, unser dreidimensionales Universum könnte ein Hologramm sein. Das würde aber nicht bedeuten, dass wir nicht real sind, sondern nur, dass das, was wir als dreidimensionale Welt erleben, in Wirklichkeit nur zwei Dimensionen hätte.

**BAU LOS!**

**Baue zwei Parallelwelten, die spiegelbildlich, aber doch verschieden sind. Diese Wirklichkeit hier ist schwarz-weiß und wird von Minifigur-Wölfen bevölkert!**

# Weltall-Quiz

Im Weltraum sind schon viele erstaunliche Dinge passiert! Weißt du, welche der folgenden Behauptungen richtig und welche falsch sind?

**1**

Der erste Raumflug war am **17. Dezember 1903**.

**2**

Das Leben der *Apollo-13*-Astronauten wurde mit **Klebeband** und Geistesgegenwart gerettet.

**3**

Im Sommer ist es **heiß**, weil die Erde dann der Sonne näher ist.

**4**

Mars-Sonnenuntergänge sind **blau**.

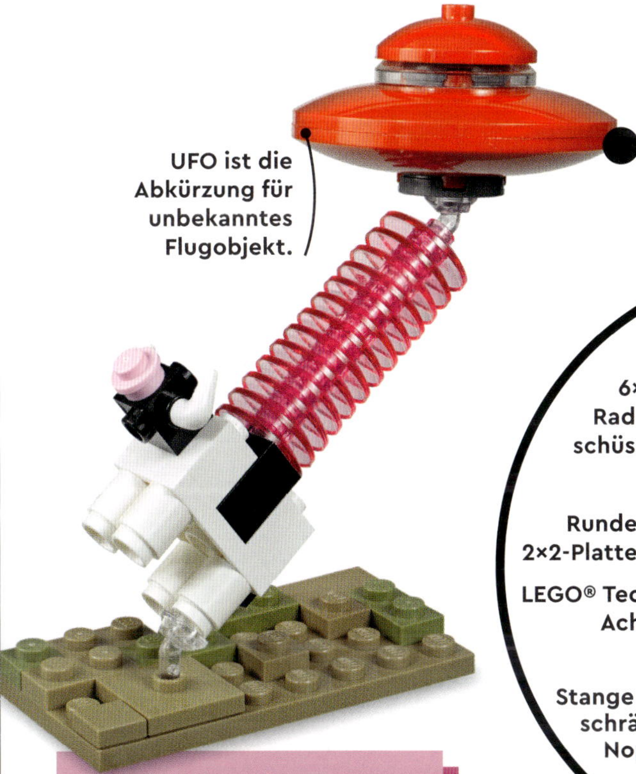

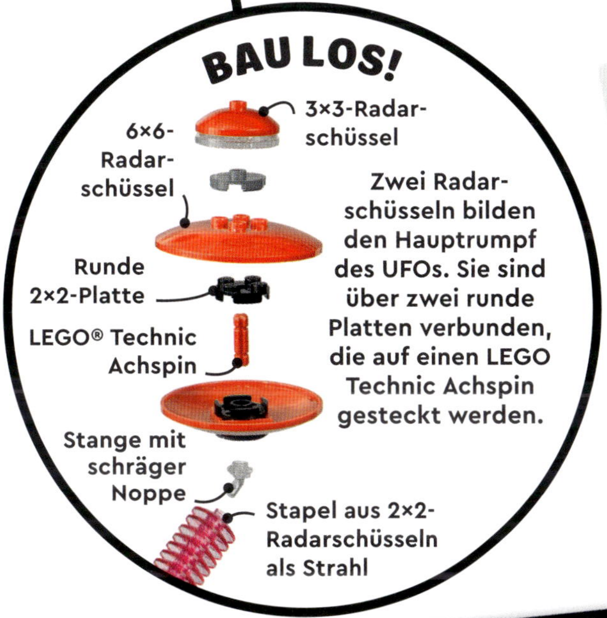


**6** Im All herrscht keine **Schwerkraft**.

**5** Jedes Jahr gibt es in New Mexico (USA) ein **UFO-Festival**.

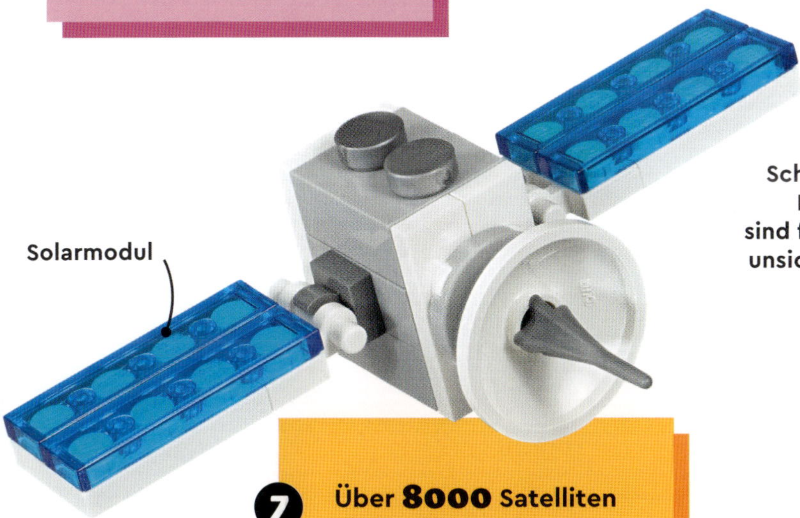


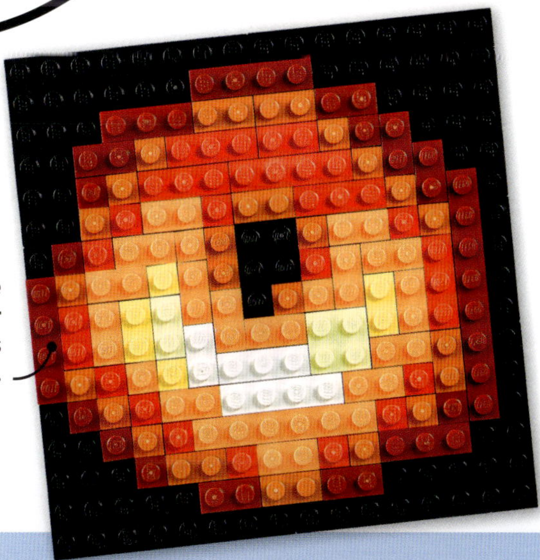


**7** Über **8000** Satelliten fliegen durchs All.

**8** Im Zentrum unserer Galaxie liegt ein Schwarzes Loch mit mehr als **4 Mio.** Sonnenmassen.

**Lösungen**

**1. Falsch** – Am 17. Dezember 1903 gelang den Wright Brüdern der erste Flug mit einem Flugzeug. Erst im Jahr 1961 flog der erste Mensch ins All. **2. Richtig** – Als ein Sauerstofftank explodierte, stieg der Kohlendioxidgehalt der Luft. Die Astronauten reparierten das Filtersystem mit Klebeband und überlebten. **3. Falsch** – Die Jahreszeiten entstehen, weil die Erde geneigt ist. Wenn bei dir Sommer ist, ist der Teil der Erde, in dem du lebst, zur Sonne hin geneigt. Im Winter ist er von ihr weg geneigt. **4. Richtig** – Bei Sonnenauf- und -untergang hat das Licht einen weiteren Weg durch die Atmosphäre als tagsüber. Das Licht wird stärker gestreut und sieht bläulich aus. **5. Richtig** – Das Festival findet jeden Sommer in Roswell (New Mexico, USA) statt. Die Stadt ist berühmt, weil dort angeblich im Jahr 1947 ein UFO abstürzte. **6. Falsch** – Schwerkraft herrscht überall! Bei Astronauten in der Umlaufbahn sieht es nur so aus, als seien sie schwerelos, weil sie sich im freien Fall rund um die Erde befinden. Die Schwerkraft der Erde wirkt zwar auf sie, aber es gibt nichts, was sie bremst. **7. Richtig** – Es befinden sich Tausende Satelliten in der Erdumlaufbahn und jedes Jahr kommen mehr hinzu. **8. Richtig** – Das Schwarze Loch im Zentrum der Milchstraße ist ein supermassereiches Schwarzes Loch namens Sagittarius A*. Es hat 4,3 Mio. Mal mehr Masse als unsere Sonne!

# Bau-Tipps

Das Beste an LEGO® Steinen ist, dass du mit ihnen alles bauen kannst, was du willst. Es hilft aber, vorher ein wenig zu überlegen und zu planen, vor allem, wenn du dich an größere oder komplizierte Modelle wagen willst. Hier findest du ein paar Tipps, die dir beim Bauen mit LEGO Steinen helfen.

## Sortieren!

Wenn du deine Steine gleich zu Beginn nach Größe oder Farbe sortierst, brauchst du beim Bauen nicht lange zu suchen.

## Nachschauen

Du kannst die Modelle in diesem Buch als Vorlage nutzen und im Internet oder in Büchern nach Bildern von den Dingen suchen, die du bauen willst. Auch eigene Skizzen helfen dir bei der Planung.

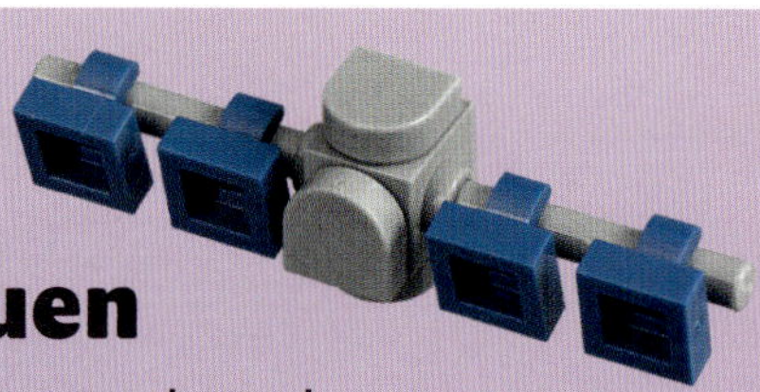

## Kreatives Bauen

Du kannst die Modelle aus diesem Buch auch nachbauen, wenn du nicht die dort gezeigten Steine hast. Lass dich ruhig zu eigenen Bauwerken anregen. Wenn dir das perfekte Teil für ein bestimmtes Modell fehlt, findest du vielleicht eine kreative Lösung. Du hast sicher ein anderes Teil, das eine ähnliche Wirkung erzielt.

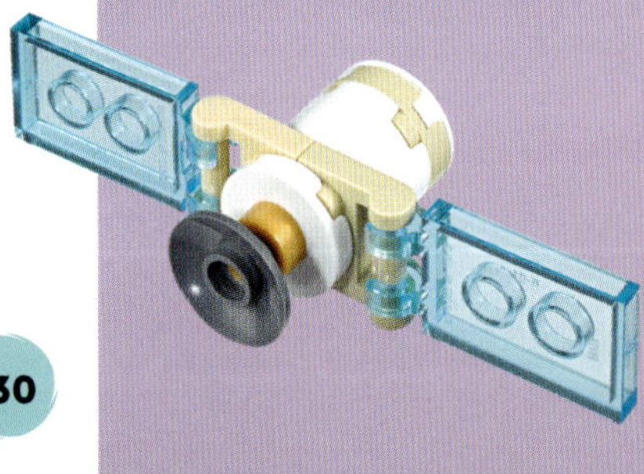

## Wie groß darf's sein?

LEGO Modelle gibt es in jeder Größe. Minifigur-Maßstab bedeutet, dass Minifiguren in dem Modell sitzen oder stehen können. Mikromaßstab ist alles, was noch kleiner ist. Viele Modelle in diesem Buch sind im Mikromaßstab gebaut, weil sie auf Dingen basieren, die in Wirklichkeit riesengroß sind. Stell dir vor, wie groß eine Erde im Minifigur-Maßstab wäre!

## Seitwärts denken

Mit Teilen, die Seitennoppen haben, kannst du in verschiedene Richtungen bauen. Das ist super für runde Modelle wie Planetenkugeln. An solchen Seitennoppen kannst du auch bestimmte Merkmale anbringen, zum Beispiel die Tragflächen oder Solarmodule von Raumschiffen oder die Augen der Aliens.

## Überrasche dich selbst!

Nur weil du ein Teil immer auf die gleiche Weise benutzt, heißt das nicht, dass es nicht auch anders funktionieren kann! Probiere mit den LEGO Steinen ruhig frei herum: Sie lassen sich immer auf mindestens eine Weise verbinden!

Ein Uhrwerkschlüssel am Hubble-Teleskop sieht wie komplizierte Technik aus.

# Tolle Steine

LEGO® Steine und Elemente gibt es in allen Farben, Formen und Größen. Damit du dich in deiner LEGO Sammlung besser zurechtfindest, zeigt dir dieser Überblick die wichtigsten Stein-Gruppen. Außerdem kannst du deine LEGO Modelle mit vielen speziellen Elementen ausstatten. Aber du brauchst nicht alle diese Teile, um tolle Modelle zu bauen – das Wichtigste ist Fantasie!

⚠ Bei kleinen Teilen und Kugeln besteht Erstickungsgefahr! Nicht für Kinder unter 3 Jahren.

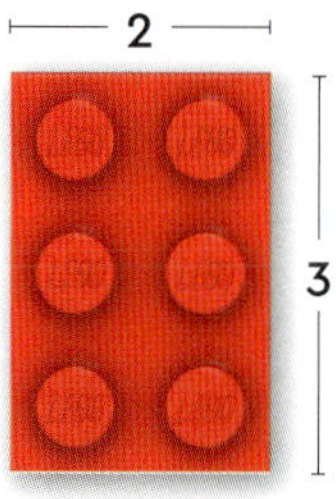


2×3-Stein (von oben)

2×3-Stein (Seitenansicht)

1×1×3-Stein

## Steine und Maßeinheiten

Steine in verschiedenen Formen und Größen bilden die Grundlage der meisten LEGO Modelle. Die Größe eines LEGO Elements wird an der Zahl der Noppen gemessen. Ein Stein mit zwei Noppen Breite und drei Noppen Länge ist ein 2×3-Stein. Bei hohen Teilen gibt eine dritte Zahl die Höhe in Standardsteinen an.

1×2-Platte

3 1×2-Platten

## Platten

Platten sehen aus wie dünne Steine. Drei gestapelte Platten haben die gleiche Höhe wie ein Standardstein.

2×2-Kachel

Bedruckte, runde 1×1-Kachel

1×4-Kachel

## Kacheln

Kacheln sehen aus wie Platten ohne Noppen und verleihen Modellen eine glatte Oberfläche.

2×2-Steckerplatte

## Steckerplatten

Diese Platten haben nur eine Noppe in der Mitte, sodass du etwas aus dem üblichen LEGO Raster hervorheben kannst, zum Beispiel im Zentrum eines Modells.

Gebogener 1×4-Dachstein

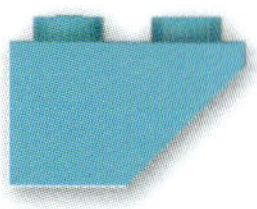

Umgekehrter 1×2-Dachstein

1×1-Dachstein

## Dachsteine

Dachsteine sind oben schräg oder gebogen. Umgekehrte Dachsteine haben einen Schräge oder einen Bogen an der Unterseite.

1×2-Dachstein

1×4-Keilplatte

2×2-Bogenstein

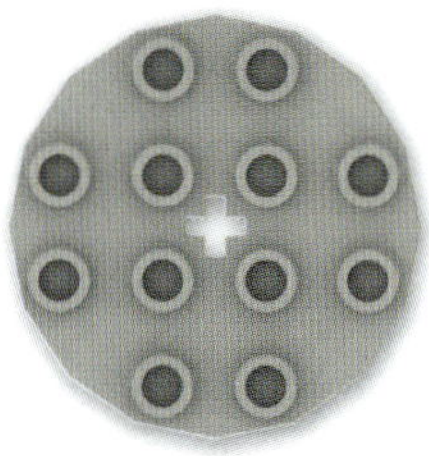

Runder 4×4-Stein mit Löchern

## Keilplatten und Bogen

Diese Elemente haben mindestens eine schräge oder gebogene Kante. Es sind Kreise, Teilkreise, Dreiecke oder andere Schrägelemente.

## Scharniere

Mit Scharnierplatten und Scharniersteinen kannst du Modelle so bauen, dass sie sich hin und her oder auf und ab bewegen lassen.

1×4-Scharnierplatte

1×2-Scharnierstein mit 2×2-Scharnierplatte

## Seitennoppen

Mit solchen Teilen baust du in viele Richtungen – nicht nur aufwärts, sondern auch seitwärts.

Lampenstein

1×2-Winkelplatten

1×1-Stein mit vier Seitennoppen

2×2×⅔-Platte mit Seitennoppen

1×2-Stein mit einer Seitennoppe

## Verbindungselemente

Nicht alles muss auf Noppen stecken! Klemmen, Stangen und Gelenke verleihen deinen Modellen vielfältige Bewegungsmöglichkeiten.

Stange mit angewinkelter Noppe

Runde 1×1-Platte mit Stange

1×1-Platten mit Klemmen

Lange Stange mit Noppen

1×2-Platte mit Stange

1×1-Stein mit Klemme

Platte mit Stangeneinfassung

1×1-Kachel mit Klemme

Kurze Stange mit Stopper

Platte mit Kugel

Platte mit Pfanne

## LEGO® Technic

Mit diesen Teilen schaffst du starke Verbindungen und baust bewegliche Mechanismen.

LEGO Technic Halbpin

LEGO Technic Pin

LEGO Technic 1×5-Liftarm

LEGO Technic 1×2-Stein mit Loch

LEGO Technic Reibungspin

LEGO Technic 1×2-Stein mit Kreuzloch

LEGO Technic Zylinder

LEGO Technic Achse

## Spezielle Elemente

Mit solchen Elementen kannst du Raumschiffe, außerirdische Lebewesen und futuristische Technik bauen.

1×1-Stern

1×1-Zahnplatte

Schwanzspitze

2×2-Radarschüssel

Mechanische Klaue

Roboterarm

Skelettarm

Teleskop

1×1-Kegel

1×2-Platte mit Turbine

Runder 1×1-Stein mit Raketenflossen

Cupcake

Runde 1×1-Platte mit Loch

Horn

4×4-Radarschüssel

# Die Modellbauer

Die ausgeklügelten Modelle in diesem Buch wurden von talentierten Modellbauern erdacht, die das Bauen mit LEGO® Steinen lieben. Wir haben Tim und Simon gefragt, wie sie ihre Ideen entwickeln und umsetzen.

## Tim Goddard

**Wie lautet dein wichtigster Tipp?**
Wenn du ein echtes Objekt nachbaust, sieh dir viele Vorlagen an, aber mach dir nicht zu viele Gedanken über jedes Detail. Überlege, wie du die typischen Merkmale des Objekts darstellen willst, und konzentriere dich darauf.

**Welches Modell für dieses Buch war für dich am schwierigsten?**
Das Schwarze Loch (Seite 82–83) hat mir großes Kopfzerbrechen bereitet. Es ist dreidimensional und braucht viele farbige Halbkreise, das war schwer. Aber am Ende kann man mit LEGO Steinen alles bauen!

**Welches Modell für dieses Buch hat am meisten Spaß gemacht?**
Die große Milchstraße (Seite 88–89) ist eins meiner Lieblingsmodelle. Die Details waren ziemlich schwierig und ich habe nie zuvor so ein großes Mosaik gebaut. Ich finde, es ist mir gut gelungen.

**Wenn du eine Minifigur wärst, welches Modell würdest du gern besuchen oder ausprobieren?**
Ein Volleyballspiel auf dem Mond (Seite 114–115) wäre doch toll! Bei der geringen Schwerkraft kann man sicher gut hoch und weit springen.

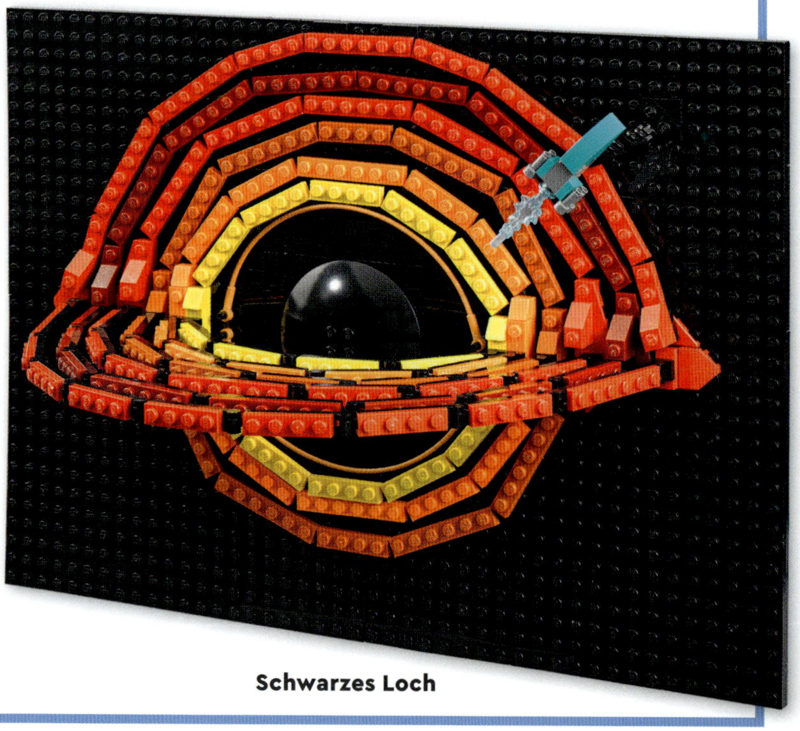

**Schwarzes Loch**

# Simon Pickard

**Wie lautet dein wichtigster Tipp?**
Bloß nicht tiefstapeln! Es gibt immer eine Lösung, wie du die Modelle genau richtig hinbekommst.

**Wie planst du deine LEGO Modelle?**
Ich suche auf Bildern die wichtigsten Merkmale und versuche sie dann so lange nachzubauen, bis es passt.

**Welches Modell für dieses Buch war für dich am schwierigsten?**
Die vielen Winkel der Raumsonde *Lucy* haben mir einige Probleme bereitet (Seite 98–99).

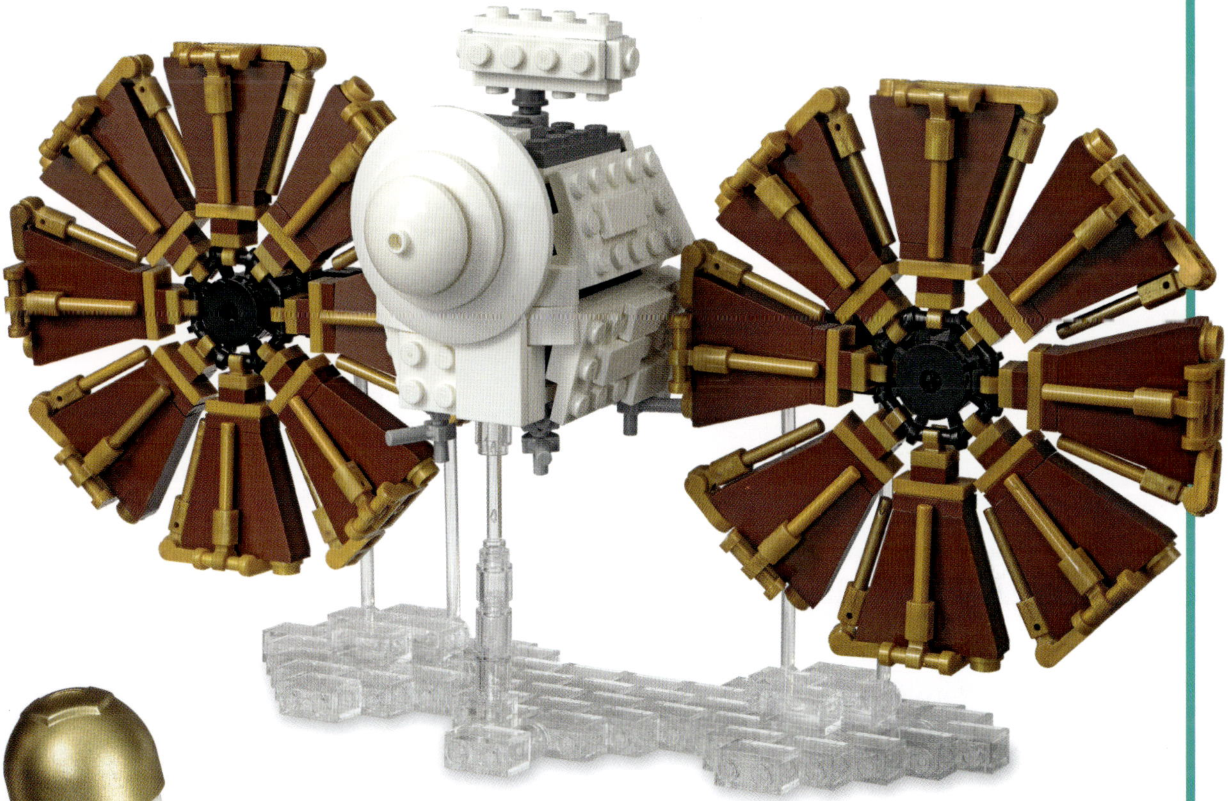

**Raumsonde *Lucy***

**Wenn du mit LEGO Steinen alles bauen könntest, was du willst – was wäre es?**
Ich würde mehr historische Ereignisse der Weltraumforschung bauen.

**Wenn du eine Minifigur wärst, welches Modell würdest du gern besuchen oder ausprobieren?**
Ich würde auf jeden Fall mit dem Mond-Buggy fahren (Seite 116)!

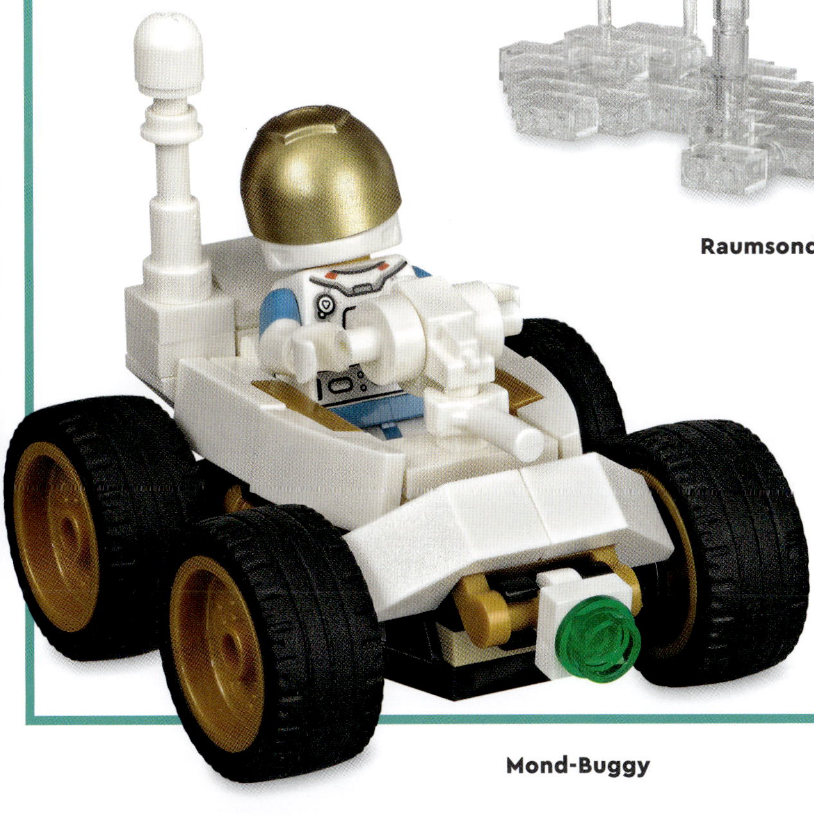

**Mond-Buggy**

# Glossar

**Äquator**
Die gedachte Linie rund um den breitesten Teil eines Planeten.

**Asteroid**
Ein großer Gesteinsbrocken, der um die Sonne kreist.

**Atmosphäre**
Die schützende Gasschicht, die einen Planeten umgibt.

**Atom**
Ein winziges Teilchen eines Elements. Alles im Universum besteht aus Atomen.

**Äußeres Sonnensystem**
Das Gebiet des Sonnensystems, das hinter dem Asteroidengürtel liegt.
Jupiter, Saturn, Uranus und Neptun gehören dazu.

**Einschlagkrater**
Eine Vertiefung im Boden, die von einem einschlagenden Meteoriten erzeugt wurde.

**Element**
Ein chemischer Stoff, der sich nicht weiter in kleinere Teile trennen lässt.

**Galaxie**
Eine Gruppe aus Milliarden Sternen sowie Gas und Staubwolken, die sich gemeinsam bewegen. Es gibt viele Milliarden Galaxien.

**Gas**
Ein Stoff, der aus Atomen oder kleinen Atomgruppen besteht, die sich locker im Raum verteilen.

**Habitat**
Der Lebensraum eines Lebewesens.

**Halbkugel (Hemisphäre)**
Hälfte der Erde. Es gibt eine nördliche und eine südliche Hemisphäre.

**Hologramm**
Ein dreidimensionales Bild aus Laserstrahlen.

**Inneres Sonnensystem**
Das Gebiet im Sonnensystem, das sich bis hinter den Asteroidengürtel erstreckt. Die Erde, Merkur, Venus und Mars gehören dazu.

**Kolonie**
Ein neu aufgebauter Ort, an dem eine Gemeinschaft von Menschen leben soll.

**Kosmonaut**
Das russische Wort für Astronaut.

**Künstliche Schwerkraft**
Die Erzeugung einer Kraft, die im Weltraum so wirkt, wie die Schwerkraft auf der Erde, zum Beispiel durch Rotation eines Raumschiffs.

**Lichtgeschwindigkeit**
Die schnellstmögliche Geschwindigkeit im Universum beträgt rund 300 000 km pro Sekunde. Nur Licht und andere Strahlungsarten sind so schnell. Objekte, die eine Masse haben, können keine Lichtgeschwindigkeit erreichen.

**Lichtjahr**
Die Entfernung, die Licht in einem Jahr zurücklegt.

**Masse**
Ein Maß für die Menge an Materie in einem Objekt.

**Materie**
Der Stoff, aus dem alle Dinge bestehen.

**Meteor**
Ein Gesteins- oder Staubteilchen, das beim Absturz in der Atmosphäre verglüht.

**Meteorit**
Ein Gesteinsbrocken, der auf die Oberfläche eines Planeten oder Monds fällt.

**Mikrogravitation**
Die verringerte Schwerkraft, die auf Objekte wirkt, die in der Umlaufbahn kreisen. Sie wirken so wie schwerelos.

**Mond**
Jedes natürliche Objekt, das um einen Planeten kreist.

**Mondebene**
Ein flaches Gebiet auf dem Mond, das entstand, als Lava einen Krater füllte. Mondebenen werden auch „Meere" genannt.

**NASA**
Abkürzung für „National Aeronautics and Space Administration" – eine Regierungsbehörde der USA, die sich mit der Erforschung des Luft- und Weltraums befasst. Sie wurde im Oktober 1958 gegründet.

**Niedrige Erdumlaufbahn**
Englisch: Low Earth Orbit (LEO). Eine Bahn in 160 bis 2000 km Höhe über der Erde.

**Ökosystem**
Pflanzen und Tiere, die in einem Gebiet leben und voneinander abhängig sind.

**Orbit (Umlaufbahn)**
Die Bahn, auf der ein Objekt um ein anderes massereicheres Objekt kreist. Die Ursache dafür ist die Schwerkraft.

**Radioteleskop**
Eine große, zum Himmel gerichtete Antennenschüssel, die Radiowellen empfängt. Forschende erhalten so Informationen über das Weltall.

**Radiowelle**
Art der Strahlung, die zur Kommunikation genutzt wird.

**Satellit**
Ein Objekt, das einen Planeten umkreist. Monde sind natürliche Satelliten, aber in der Erdumlaufbahn kreisen auch viele künstliche Satelliten.

**Schwarzes Loch**
Ein Ort im Weltall, in dem die Schwerkraft so stark ist, dass sogar Licht hineingezogen wird. Deshalb können wir Schwarze Löcher nicht sehen.

**Schwerelosigkeit**
Ein anderes Wort für Mikrogravitation: Der Zustand, in dem die Dinge sehr leicht sind.

**Schwerkraft**
Die Kraft, die Objekte zueinander zieht. Sie hält zum Beispiel die Erde auf ihrer Bahn um die Sonne und den Mond auf der Erdumlaufbahn.

**Solarmodul**
Ein Gerät, das Sonnenenergie in Elektrizität umwandelt.

**Sonnensystem**
Die Sonne und alles, was um sie herum kreist.

**Sternsystem**
Wenige Sterne, die einander umkreisen, zum Beispiel Doppelsterne

**Strahlung**
Eine für das bloße Auge unsichtbare Energie, die sich in Wellen fortbewegt.

**Suborbital**
Anderes Wort für „unterhalb eines Orbits": Ein Flug in den Weltraum, bei dem ein Planet nicht komplett umkreist wird.

**Supernova**
Ein gewaltiger Ausbruch von Licht und Strahlung aus einem Stern, der am Ende seines Lebens explodiert.

**Terraforming**
Die Verwandlung eines Planeten, sodass er der Erde ähnlicher wird und Menschen auf ihm leben können.

**Universum**
Alles, was existiert, zum Beispiel alle Planeten, Sterne und Galaxien.

**Zwergplanet**
Ein Objekt, das kleiner ist als ein Planet wie die Erde, aber groß genug, um kugelförmig zu sein. Es umkreist die Sonne wie alle Planeten.

**Zwergstern**
Ein kleiner Stern, der weniger Licht abgibt als andere Sterne. Es gibt Rote und Gelbe Zwerge.

# Register

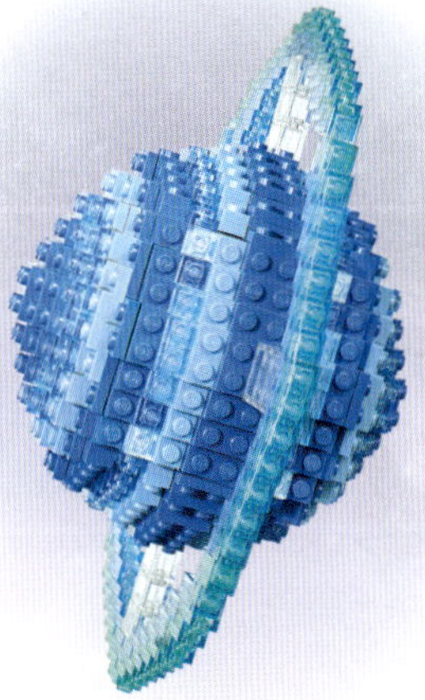

**Der DK Verlag dankt** Ashley Blais, Heidi K. Jensen, Martin Leighton Lindhart und Nina Koopmann von der LEGO Gruppe sowie Julia March für das Register.

**Lektorat** Laura Gilbert, Helen Murray, Paula Regan, Mark Searle
**Gestaltung und Bildredaktion** Jenny Edwards, Isabelle Merry, Jo Connor
**Herstellung** Marc Staples, Louise Daly

**Modelle** Simon Pickard, Tim Goddard
**Zusätzliche Modelle** Jason Briscoe, Emily Corl, Nate Dias, Jessica Farrell, Rod Gillies, Kevin Hall, James McKeag

Für die deutsche Ausgabe:
**Verlagsleitung** Monika Schlitzer
**Programmleitung** Heike Faßbender
**Redaktionsleitung** Sebastian Twardokus
**Herstellungsleitung** Dorothee Whittaker
**Herstellungskoordination** Katharina Schäfer
**Herstellung** Inga Reinke

Titel der englischen Originalausgabe:
LEGO Amazing Space



Manufactured by Dorling Kindersley, One Embassy Gardens, 8 Viaduct Gardens, London, SW11 7BW, UK under licence from the LEGO Group.



**Übersetzung** Birgit Reit
**Lektorat** Susanne Böse, Böse Texte – Gute Texte, München

ISBN 978-3-8310-4924-0

**Druck und Bindung** Leo Paper Products, China

MIX
Papier | Fördert gute Waldnutzung
FSC® C018179

www.dk-verlag.de